U0134920

寰宇投資策略 441

尋找超值股

價格夠便宜嗎？解決投資難題的價值檢定程序

Good Stocks Cheap:
Value Investing with Confidence for a Lifetime of
Stock Market Outperformance

肯尼斯‧傑弗瑞‧馬歇爾
（Kenneth Jeffrey Marshall）——— 著
黃嘉斌 ——— 譯

寰宇出版股份有限公司

目錄
CONTENTS

首先，純屬我個人犯下的愚蠢紕漏。1998 年，可口可樂（Coca-Cola）股價上漲到每股 $80* 時，我竟然沒有脫手。當時的價格水準意味著全世界的男人、女人，還有小孩，所有人都必須承諾每個禮拜喝下一整個浴缸的汽水。而我知道那種事情是不可能的。

耐吉（Nike）的情況更慘。2010 年，股價來到 $67 的時候，我開始賣出股票，因為當時的股價對帳面價值比率已經超越三倍。可是，我知道那個登錄在公司資產負債表上的珍貴勾勾標誌，價值完全為零。從此之後，耐吉的盈餘與股價一路飆漲。

我的差錯並不侷限於消費財，2011 年，我錯過了管道製造商穆勒工業（Mueller Industries）的投資機會。當時，該公司股價由於房屋開工率下降而挫跌，這是每隔一陣子就不免發生的景氣循環現象，也總是會結束的。我不僅知道這一點，實際上我非常熟悉這家公司，搞不好我甚至還知道怎麼安裝該公司的銅製彎管配件。穆勒的營業收益翻了一倍，後來還進行股

....

* 編按：可口可樂曾在 2012 年進行股票分割，此為 1998 年未分割前的股價。

票分割。

這本書的作者曾經犯下的過錯，不僅這一些。有時候，我做了錯誤的事；有時候，則是我沒有去做對的事。可是，這些錯誤都沒有讓我付出重大代價；大多數時候，我失去的是上檔獲利機會，而不是實際承受虧損。

這正是價值投資的魅力所在。這種方法有時候會讓投資人捨棄一些機會、太早賣出，或錯誤地抱牢部位。可是，價值投資方法具備另一個無與倫比的功能——規避災難。每錯失一個勝利的機會，你可能已避開了上百個失望的結果。原因不在於執行者的過人能力，而是紀律所帶來的。每個人都能夠使用這個方法，但真正投入其中的人卻很少。

當然，純粹為了投資而選擇這個方法的，更是少之又少。他們總是搞不清楚狀況。他們沒有意識到退休帳戶的提撥，或銀行的存款，就是一個累積財富的過程。他們沒有看到的是，今天所投入的資本，是為了將來享有更豐富的生活物資與服務。

即使買進上市公司股票，他們也不一定在從事投資。他們進行的可能是投機。我所謂的投機，是指現在買進某種東西，

然後期待將來可以按更高的價格賣出，卻完全沒有考慮背後的條件與理由。相比之下，投資是一種全然不同的活動。

至於那些真正瞭解投資的人，其中只有一部分人從事價值投資。我所謂的價值投資，指的是投資人因為察覺價格與價值之間存在明確差異而採取的投資行動。

實踐價值投資的人當中，只有一小部分人會向他人傳授這種方法；一部電梯大概就裝得下這些人。我們的陣容很小，因為學術界對這個領域一直以來存在某種藐視。

價值投資是一個經過簡化與近似（approximations）的知識領域。資本管理的學科總愛透過奇異的符號與精確性，偽裝為科學；但價值投資蔑視這一切。價值投資寧可在信封背面塗塗畫畫，而不採用試算表軟體；其中強調的不是精密的理論、不是魔法式的計量方法，也不是某種權威的標誌。因此，價值投資沒有一條明確的路徑。

所以，你看到的我，是某個子集合的子集合的子集合：我是個投資人；我是個從事價值投資的投資人；我是個從事價值投資教學工作的價值投資人。這些事說來可能有些拗口。

我不打算開始募集基金。我會這麼說，是因為人們寫書的理由之一往往就是為了讓潛在投資者瞭解他的想法，這當然是個正當的理由。而我另有其他動機。我看到太多人以顯然違背經濟利益的方式行動，所以我想寫一本書來點燃另一把火焰。文筆或許可以達到平時的對話所達不到的效果。

這本書寫的，是我個人的做法。其中內容完全是我個人的意見，也是我心目中這個領域的精髓與實踐方式。我所闡述的是我的投資方法，其中有些部分並非標準的取徑。舉例來說，我長期持有股票、不融資、不放空股票。而且，我的投資組合相當集中，持股種類最多十來種，大多數時候遠遠更少。

其他典型的價值投資人採取截然不同的方法。他們可能每個月都會汰換持股，也可能融資、放空、分散投資。他們寫的股票投資書籍將全然不同。

歸根究底，我的方法有哪一些特徵，實際上也不太重要。價值投資法確實有用。只要你貫徹的方法是價值策略的某種體現，那就可能得到理想的長期結果。其中的變異所造成的影響，其實微乎其微。

以我計算運用資本報酬率（return on capital employed）的方式為例，這是書中常用的衡量。我以營業收益（operating income）作為這個比率的分子，但很多人並不是這麼做的。他們採用淨利，或稅前息前盈餘（EBIT）。這些計算造成的差別，經常引起激烈辯論，但專家往往只會視之為戲謔。這就如同比較每一間海灘別墅的視野，其實所有的視野都很棒。

我在大學的經濟學課堂裡曾經學到當事人（principals）與代理人（agents）之間的差別。當事人聘請代理人協助他們完成某些事情。代理人應該具備一些特殊技能、人脈關係，或其他足以讓他們提供服務的條件。

就金融投資領域來說，常見的當事人與代理人組合，就是高資產人士與具有專業資格的投資顧問。其他的類似組合還包括避險基金的有限合夥人與普通合夥人，以及散戶投資人與共同基金經理人。

　　這本書主要為了當事人而寫；也就是說，這本書的主要對像是那些自行管理資金的人。至於如何符合法規、如何與投資人溝通，或者任何僅限於代理人所關注的議題，我著墨得很少。

　　代理人當然也是當事人。他們擁有自己的投資組合，而且他們所管理的資金當中往往也有一部分是自己的資產。而且，優秀的代理人管理客戶資金的方式，就如同管理自己的資金。所以，這本書對代理人也有幫助。只是，我以當事人的需求為優先考量。

　　多數讀者樂於投入實踐書中所介紹的程序。有些人則不是；他們認為這些程序過於費力與繁瑣。

　　這未必是壞事。某些人可能因此瞭解自己很難長期堅持價值投資的方法。這點很重要，因為想要創造真正的優異績效，長期投資是必要的；他們或許可以考慮低成本的指數型基金。這類產品是金融市場裡真正有益的創新，表現相當令人滿意。事實上，此類產品的績效可能擊敗那些專精於選股的投資人。

　　投資人往往基於兩種途徑而發現價值投資方法：他們或許經歷了創傷，又或許透過某種揭露而有所發現。遺憾的是，創

傷是比較常見的接觸管道。換言之，他們原本採用某些投資策略，結果導致虧損或獲利不足。他們被成長、動能或其他投資取徑所召喚，結果遭受背叛。最終，投資人那股受虐狂般的動機，激勵著投資人尋找更好的方法；但願他們的轉向不會太晚，此生還有充裕的時間享受價值投資法的益處。

另一個接觸的管道來自於個人的發現。他們在因緣際會之下，在某些地方聽說了價值投資方法，然後認真投入。

幸好我的接觸管道是後者。我有一個童年時代的朋友，他父親管理一家價值股票基金。這位朋友在 1989 年大學畢業之後，就一直任職於自己的家族事業，而我也成為了這個基金的小客戶。

他持續為我提供各種符合該基金經營原則的股票推薦。對於他所謂的常識，我卻總是學得很慢。可是，我始終是個實證主義者。我注意到哪些東西有用，哪些沒用。我試著應用那些有用的東西，沒用的則捨棄。隨著 1990 年代的開展，我的價值投資組合逐漸排擠其他比較欠缺考慮而建立的部位。

現在，理論除非實用，否則不太吸引我。到了 1990 年代末期，價值投資相關理論也達到了實用性的新高度。

網際網路泡沫破滅前的多頭行情讓我深感挫折。我出席了1999 年的商學院同學會，某些過去頭腦冷靜的同學竟然紛紛提出各種理由，以新經濟模型與金融去中介化（disintermediation）的神話來合理化那個夏天的股價漲勢。我抱持懷疑態度，但這

類說辭的感染力非常強。回到加州之後，我開始在新創科技公司上班。

可是，我的投資組合仍然是腳踏實地的。雖然我的作息有些失控，但我的資金非常冷靜。直到那一年結束，我所持有的都是價值股。我的經紀帳戶，大概是全帕羅奧圖（Palo Alto）最跟不上潮流的。

當泡沫終於在 2000 年 3 月破裂時，我的自律所帶來的好處也就再清楚不過了。我的投資組合的價值守住了。我所持有的股票，基本面條件都相當紮實。那一年，我沒有脫手任何股票。股票市場到處瀰漫的陶醉氣氛，把我推擠到了價值投資的陣營。而我一直留在那裡。

我和各式各樣的人談論價值投資。我在幾家大學開設碩士班的課程，主持散戶投資人的講習會，也受邀到一些校友團體演講。我的聽眾包括退休心臟外科醫生、高中的學長、客戶服務的業務代表，以及創業資本的普通合夥人。他們來自北京、奈洛比、多倫多、瑞士沃州等地，年齡介於 17 歲到 74 歲。

雖然對象如此多元，我的方法卻始終不變。我平鋪直敘地說明我的見解。我把投資當作一門生意，就像水電工或理髮師。方法必須行得通，才稱得上有價值。

水電工能夠修理好水槽與馬桶，才有價值；理髮師為顧客剪出令人滿意的髮型，才稱得上有用；投資必須創造長期的優異績效，才算是有價值。投資人能不能闡述價格波動與利率變

化之間的相關性，實際上並不太重要，就像水電工不需要繪製美索布達米亞灌溉系統的圖形，或理髮師不需要繪製毛囊圖一樣。重點在於水槽、頭髮，以及報酬。

我的樸實方法其實是有代價的。那是因為我略過了某些細節。與價值投資模型相關的企業策略、認知心理學或其他學科的專家，必定會在我的方法中發現某些缺失。舉例來說，會計師將會發現我對商譽的定義，沒有納入可辨識無形資產的部分併購成本。一針見血！

簡化與過度簡化之間，有一條界線。我會讓我所畫下的那條線盡量貼近後者，但又不至於脫離前者。可是，這條界線的位置，會隨著不同的課題，以及不同的讀者，而有所不同。整體而言，我偏愛簡潔的呈現方式，避免使用可能讓人厭煩的詳盡陳述。

這本書的內容按照我的論述脈絡發展。對於那些剛踏入金融領域的人來說，但願我的簡潔敘述能夠迅速引起共鳴。至於機構基金經理人與資深的個人投資者，但願我的平實陳述能夠釐清那些一直以來含糊不清的課題。總之，我希望這本書能夠扮演揭露的功能——為讀者揭露某種足夠生動、足夠合理、足以讓人繼續堅持的事物。若非如此，永遠都無法擺脫創傷。

謝詞
ACKNOWLEDGMENTS

如果終身學習的門道，就在於讓自己置身一群優秀的人之中，那麼我的確是這方面的大師。我在此向這一群人致意：

感謝史丹佛大學的 Hal Louchheim 與 Liz Frith，他們發掘了我開設這門價值投資課程的潛能，也感謝舊金山灣區前來上課的人，證明了他們兩位的眼光是正確的；感謝 Teresa Kpachavi 與 Matt Hein，他們透過巧妙的安排讓課程上網，以致吸引了各地的學生。

致斯德哥爾摩經濟學院的 Karl-Olof Hammarkvist、Magnus Dahlquist 與 Bo Becker，感謝你們的 *varmt Välkomnande*。

感謝代理機構 David Black Agency 的 Joy Tutela。

感謝麥格羅希爾出版商的 Donya Dickerson 與 Knox Huston。

我還要感謝那些在我的專業生涯裡幫助我累積專長和保持熱忱的朋友們。他們是：Upal Basu、Larry Gorman、Allison Joyce、Mary Komatsu、Yun Hao Lo、Hari Ramachandra、Patti Rice、Benjamin Schmid、Jay Siva、Tom Svedenstrand、Mikael Tarnawski-Berlin、Janardhanan Vembunarayanan，以及 Pierre

Wong。

感謝超棒的 Mitchell 家兄弟 Andy 與 Bill，他們兩位都是作家，也是價值投資人，就跟我一樣，但遠遠比我優秀。

感謝親愛的母親和父親，他們是企業家之中的企業家，當然還有許許多多其他的美好榜樣；他們教導我以所有者的角度思考，並且鼓勵我寫下我真正相信的事物。

這樣的一本著作，若有任何失誤，一切責任皆由作者承擔。但願這些無心的疏忽，都只是無關緊要的過失。

這本書將提出一套模型。這套模型從價值投資的觀點，檢視股票投資點子。這是有益的觀點，因為有助於創造最優異的長期報酬。

這套模型能夠達成三件事。第一，模型可能讓你一輩子從事投資而創造超過市場平均水準的報酬。第二，模型不太可能讓你的投資創造低於市場平均水準的報酬。到目前為止，一切都還好。

不幸的是，這套模型還會創造另一種可能性：讓你不投資那些原本可以創造優渥報酬的點子。這套模型有時候會促使你在應該說「好」的時候說「不」。某一些類型的事業，是這套模型不擅長評估的；例如，模型往往針對金融機構與公共事業做出古怪的判斷。可是，稍後你就會發現，人們樂於接受這些缺失，藉以交換前兩種效益。

這個模型以三個步驟開始。每個步驟都針對所建議的投資提出一道問題。第一，我瞭解這項投資嗎？第二，這項投資好嗎？第三，這項投資便宜嗎？

這三個步驟是依順序執行的，你必須按照順序回答。而且，唯有得到肯定的答案，才能考慮下一個問題。如果你不瞭

解該項投資，就沒有必要考慮好不好或昂不昂貴的問題。只要在任何一道問題得到否定的答案，就應該拒絕這一項投資。所以，這套模型為你的投資設定了一個相當高的標準：你必須擁有足夠的知識，而且這筆投資必須又好又便宜。

關於這套模型，我們還會談得更多；在後續章節裡，我們將一一闡述。只要你擁有學習的動機，不論過去的教育、專業或經驗背景如何，都可以精通所有內容。

這個模型涵蓋了三個專業領域的知識：金融學、策略，與心理學。運用第一個領域，也就是金融學的知識，我們能夠發現那些營運成功且價格被低估的企業。其中涉及的是會計，以及根據會計資料所進行的一些計算。這是定量的工作，不需要複雜的運算，只要具備簡單的數學能力就可以勝任。

第二個領域是策略，為我們揭示哪一些過去成功的事業能夠許諾未來的成功。這是定性的工作，分析者必須思考哪一些企業可以從眾多競爭對手之中脫穎而出，並且投射該企業在未來數年之後的景象。

第三個領域，也就是心理學，重點在於防範人類天性的偏差可能引發的錯誤判斷。這並不是說我們愚蠢或失當；而是

說，我們畢竟是人類。務必時時刻刻覺察我們心裡浮現的各種糟糕念頭，才能夠趕在這些念頭與衝動傷害我們之前，盡可能捕捉並消除。

總之，我們使用的是一種跨學科的方法。橫跨不同的學科領域，並不是為了顯示我們的方法多麼具有「文藝復興」的氛圍。跨學科實際上是出於必然。即使擅長處理複雜的數據與運算，卻完全不瞭解人類的認知偏差，你的投資能力必定受限。企業策略家無論再精明，如果讀不懂財務報表，則根本不可能成功。一個不懂得如何辨識策略優勢的心理學家，也終究不能擊敗市場。

成功的價值投資人必須同時仰賴這三個學科的知識，原因就在這裡。可是，這個道理太容易被忽視。很多投資書籍專注於財務分析，有一些還會增添些許競爭策略的內容。但是，心理學通常被視為另一個獨立的主題。我認為，這是因為專業價值投資人，尤其是那些著書立論的人，早已學會了自律，因此沒有意識到心理學實際上是一個非常值得關注的議題。但我不會這樣。

書中經常引用特定企業作為案例；可是，事業經營會改變、醜聞可能會發生、策略會變動，因此相關資訊的可靠性以寫作當時的實際情況為準。例子中提及的某些企業特徵，在未來可能完全改變──有的變好，有的變壞。但所有改變都不在作者的預期之中。所以，讀者最好先確定手上的書是不是最新的版本，以避免太多內容因為事過境遷而顯得怪異。

PART 1

基礎

1

安靜的卓越表現者

　　價值投資是一種投資策略，是一種運用財富追求報酬的方法。

　　長期而言，價值投資的表現優於其他策略。研究資料證明了這一點——不只是某些研究，而是所有的研究。

　　閱讀這些研究資料，恐怕曠日廢時；除非你擁有悠遊於學術世界的素養或古怪癖好，否則難以堅持。可是，有一篇很好的摘要文章可供參考，這是由紐約的投資機構崔迪布朗（Tweedy, Browne）發表的〈有效的投資之道〉（What Has Worked in Investing），[1] 做了非常好的摘要綜述。論文資料雖然有點過時，內容也有些艱澀，但非常值得參考：

http://www.goodstockscheap.com/1.1.htm

　　經常閱讀財經新聞的讀者會低估價值投資的效率，無可厚非。畢竟其他投資方法，比如成長型、新興市場、高頻交易等

等，更常出現在媒體版面。既然價值投資的表現如此優秀，為什麼我們很少看到相關報導呢？

理由有兩點。第一，基金公司很少推出這類新產品，媒體的相關報導當然也就比較少。我們經常聽說的產品，運用的通常是當下備受關注的策略。這類策略可能在前一季表現得特別亮眼，或者非常符合當前地緣政治或科技領域的熱門議題。總之，這類新基金往往運用投資經理人最容易募集資金的策略。這都是喧囂的東西，自然而然成為有線新聞電視台、部落格或報紙的頭條。

反之，價值投資則顯得端莊嫻靜，不會為了吸引群眾的資金而大聲喧譁。某些業者已經不接受新客戶，有一些甚至關閉了基金，把豐厚的報酬退還給投資人，不再管理外部資金，儼然隱入幕後。這些基金不再積極募資。

那些野心勃勃的基金經理人可能沒有興趣採用價值型策略，這是不難理解的。首先，價值投資策略需要充分時間的醞釀，才能慢慢展現績效。按照顯著低於價值的價格買進股票，必須等待價格上漲，但我們不知道價格什麼時候會上漲。換言之，價值投資人知道什麼事會發生，但不知道什麼時候發生。因此，價值投資經理人通常不能立即獲得滿足。耐心是必要的，而這會澆熄初生之犢的熱情。

投資經理人通常不會成立新的價值型基金，第二個理由涉及投資產業支付報酬的慣例。價值型基金的管理相對簡單。這

類基金基本上都是多頭基金，僅僅運用自己的資金買進股票。投資經理人每年收取的費用通常是管理資產規模的 1%。

可是，結構較複雜的基金往往能夠讓經理人賺得更多。多空兼做的基金，也就是買進股票之外也放空股票的基金，經理人每年收取的費用通常是管理資產規模的 2%；表現一旦超越某個門檻標準，還能收取超額部分的 20% 作為績效獎金。這些報酬非常可觀，對那些剛離開商學院的菁英而言顯然充滿吸引力。

可是，有趣的是，就長期而言，結構簡單的基金往往表現得比結構複雜的基金更優秀。換言之，從事簡單操作而取得優異績效的經理人，收入反而不如那些從事花俏操作卻績效不彰的經理人。想要充分瞭解這件事有多荒謬，不妨看看以下的比喻。

體操比賽選手如果展現高難度的動作，可以加分。參賽者可以考慮在常規動作之中，加入具有挑戰性的元素，而比較困難的動作有助於爭取額外分數。這是非常實際的效用。舉例來說，選手如果做出阿拉伯式前翻兩圈，也就是某種前翻兩圈、轉體半圈的動作，就可以贏得額外分數。這個動作很困難，但很漂亮。觀眾會受惠，因為這是難得一見的翻滾考驗；體操運動也會受惠，因為這代表藝術與運動領域的擴大。

投資管理產業的情況也一樣，困難的操作可以賺取額外分數。基金經理人因為從事難度較高的工作而獲得更多報償。可

是，他們往往會失敗，而痛苦也大多來自於此。持續性的表現不彰，將耗損客戶的資金。經理人的阿拉伯式前翻兩圈總是落個狗吃屎的下場——不是偶爾，而是經常如此。

我們再看另一個比喻。設想兩家航空公司都提供從舊金山飛往聖地牙哥的航班。A 公司提供正常的飛行航班，B 公司的航班則以上下顛倒飛行，而且這種特殊服務另外收取較高的費用。相當荒唐，不是嗎？

然而，投資管理產業的情況正是如此。最怪異的飛機駕駛員因為膽量而獲得額外收入。

從某方面來說，顛倒飛行聽起來挺有趣的，好像很刺激。如果目標是尋求刺激，B 公司的服務的確很吸引人。可是，這並不是目標所在。我們的目標是抵達聖地牙哥。

在投資管理產業裡，人們總是忘了自己的目標是前往聖地牙哥，反而被顛倒飛行的服務所吸引。人們忘了投資的目的在於創造穩定的長期報酬，卻專注在某些產業、策略或市場的操作。他們被誤導，以致有了全然不同的目標。

我們甚少聽到人們談論價值投資，另一個原因在於這個投資方法在本質上就是一種平靜的操作。在公開市場買進股票，然後繼續持有數年，這種程序本來就不怎麼引人注目。

反之，不妨考慮創業基金的情況。某個創業基金募集資本時，相關事件經常被大肆宣揚。2015 年第四季，Airbnb 募集 $1 億資金，我們看到《華爾街日報》、[2]《財富雜誌》、[3]《金

融時報》[4] 都大篇幅報導。相同期間內，價值投資業者 Gardner Russo & Gardner 基金公司投資啤酒公司百威英博集團（Anheuser-Busch InBev），雖然投資規模是前者的兩倍，這項消息卻鮮有媒體報導。[5]

這種現象有違常理。績效表現與能見度之間存在反向的關係。績效令人失望的投資方法往往深受人們關注，價值投資綻放的光芒卻被忽視。

摘要

❶ 價值投資的長期績效優於其他策略。

❷ 價值投資的效能沒有得到充分的宣傳，未來也必然如此。

2

為何選擇股票？

大多數價值投資人專注於**股票**。

更明確地說，多數價值投資人偏愛公開上市公司的股票。這些股票在集中市場進行交易，屬於掛牌股票。

掛牌股票是一種*資產類別*。這種類別的證券往往因為各種事件而同步上漲或下跌。

除了掛牌股票，還有很多其他的資產類別，譬如債券。債券屬於債務工具。股票代表事業所有權的一部分，債券則是欠條。債券可能由國家、城市，以及各種規模的公司發行。

另一些資產類別包括外匯，例如歐元與澳元；商品，例如玉米與白銀；沒有公開上市的私有公司股票，例如新創公司。那麼，價值投資人為何特別偏好掛牌股票？

因為掛牌股票的長期報酬比其他投資工具更理想。我們選擇公開掛牌股票，讓勝算傾向我們這一邊。

掛牌股票的表現究竟有多好呢？相當不錯。S&P 500 指數可以反映美國大型掛牌股票的表現。自從 1967 年，也就是我

出生的那一年以來，如果納入股利，S&P 500 指數的每年平均報酬稍微超過 10%。這是相當可觀的報酬。如果在我出生時投資 $10,000，到了 2015 年，這筆投資將累積超過 $1,000,000。

我們不難理解掛牌股票的表現優於債券的原因。債券代表一種承諾，在未來清償某筆固定金額與利息。所以債券投資所能夠提供的金流畢竟有限，因為受限於本金，也就是當初出借的金額，以及利息。

有些債券的利息是固定的，有些則根據某個參考基準的波動而調整。如果參考基準上升，債券的票息付款會增加。可是，債券票息不會因為發行機構經營成功而增加。沒有任何發行債券的企業，會支付紅利給債券持有人。而且借貸金額，也就是本金，是不會增加的。所以，債券報酬有特定的高限。這也是債券被稱為固定收益證券的原由。

股票報酬沒有高限。企業不可能設定經營表現的上限。公司可以贏得顧客的信賴、引進新產品、開發更好的貨源，並且在數十年的期間內提高公司盈餘。當然，我們不能保證企業如此展現，但至少這是可能的。股票的長期表現比較理想，原因就在這裡。盈餘不斷成長，而股票就是對盈餘的請求權，因此股票提供了海闊天空的上檔潛能。

外匯作為一種投資工具，就跟債券一樣，潛能也相當有限，其中的理由有兩點。第一點是通貨膨脹。隨著時間推移，通貨膨脹將侵蝕現金的購買力。

我們以巴波亞雪糕（Balboa Bar）為例子，這是一種像冰棒那樣的長方形雪糕冰淇淋，浸入融化的巧克力醬，然後撒上各種配料，是我孩提時代在南加州最愛的甜食。內行老饕會在一邊撒上碎花生，另一半則撒上巧克力碎片。

我和家人在 1979 年搬到南加州。那年夏天，巴波亞雪糕單價是 $1.25。37 年之後的 2016 年，我必須花 $3.75 才買得到。這相當於每年平均稍微高於 3% 的價格成長率。換言之，1979 年購買一支巴波亞雪糕的花費，到了 2016 年只能買到三分之一。時間讓美元的價值降低了。

即使我在 1979 年將 $1.25 存入銀行付息的儲蓄帳戶，到了 2016 年，帳戶餘額仍然不足以購買一支巴波亞雪糕。為什麼？

稅金。利息收益會被課稅。我必須為我的所得支付每年平均 50% 的稅金，這確實大略相當於加州與聯邦稅金的總和，那麼我的存款利率必須等於通貨膨脹率的兩倍，才能保持價值。可是，銀行提供的平均存款利率顯然遠遠低於這個水準。

我的銀行並不是特例，我所得到的確實是標準的儲蓄利率。至於通貨膨脹，從 1979 年到 2016 年之間，美國的通貨膨脹率平均每年大約 3%，[1] 等於巴波亞雪糕的價格成長。這個例子相當有代表性。

外匯提供的報酬相當有限，第二個理由來自於外匯市場的性質。外匯市場規模龐大；就成交量而言，這是全球規模最大

的金融市場，每天有數以百萬計的玩家參與其中。任何定價錯誤都會在瞬間消失。因此，外匯交易的獲利機會非常罕見。

作為一種長期投資工具，商品的表現也有所不足。以數十年的期間來說，作物與金屬價格的走勢，基本上僅僅反映了通貨膨脹。可是，如果把倉儲成本考慮進去，商品的報酬就落後通貨膨脹了。

未上市股票，也就是私有企業的股權，提供的報酬績效也不甚傑出。這種說法或許難以置信，因為新創公司股東的致富故事時有所聞。例如，通訊軟體 WhatsApp 在 2014 年被 Facebook 併購時，該公司早期股東的每年平均報酬率大約 600%。[2]

可是，每出現一家 WhatsApp，就有上百家的 Firepads。你沒有聽過 Firepads 嗎？這是一家新創科技公司，也是我在 1999 年參加商學院同學會之後加入的公司。雖然在該公司服務的同事們非常努力工作，成功對他們來說是應得的；但是，Firepads 卻從來沒有起飛。

未上市股票的歷史表現，深受選擇性偏差（selection bias）的影響。成功的故事被大肆宣揚，但更多的失敗卻沉默不語。沒有任何中央機關規定這些失敗的創業者揭露他們的虧損，所以資訊很容易被遮掩。所有的非上市公司，包括天使投資（angel investing）、創投基金，以及私募股權投資，都會出現這種情況。少數的全壘打讓人充滿期待和遐思，但太多的三振出

局者從此默默消失。

這種偏差悄悄滲入官方統計資料。2015 年年初，全國創投協會（National Venture Capital Association）表示：「不論就 10 年、15 年或 20 年的期限而言，創投基金的績效表現比道瓊工業指數、那斯達克綜合指數與 S&P 500 指數更理想。」[3]

這項主張的依據是劍橋協會（Cambridge Associates）公布的「美國創業資本指數」（U.S. Venture Capital Index®）。劍橋協會是頗受推崇的機構。可是，該機構表示相關數據「由基金經理人提供。跟其他數據供應商不同的是，劍橋協會並沒有採用『資訊自由法案』（FOIA）的規定、受監管的申報程序、經理人調查或是媒體搜尋，以獲取資料。」[4]

相較於強制的資訊揭露，自己報告的績效數據恐怕顯得太美好。想像一下我們對掛牌上市公司的看法也受到這種選擇性偏差的影響，那就相當於 S&P 500 始終由五家年度績效表現最佳的業者構成。

2014 年，S&P 500 的報酬率是 11%。[5] 可是，如果捨棄表現較差的 495 支成分股，只留下五家報酬率最高的企業，股價平均報酬率是 101%。

當然，在某一些年份，總會有其他的資產類別表現得比掛牌股票更好，譬如 2010 年的黃金。[6] 印度盧布、巴西政府債券，或某些私有未上市公司，都曾經在其他年份表現得比上市股票好。某些業者總是可以在任何時候找到一些表現異常優異

的冷僻資產類別。可是，長期且平均而言，集中市場掛牌股票的報酬表現才是對大多數人有益的。

掛牌股票以外的資產類別，表現可能讓投資人失望，卻往往讓經理人歡欣。債券、外匯、商品、私募股權、創投基金等等的管理顧問機構，確實可能發財，市場上流傳著他們的成功故事。可是，這些傳說不是來自於相關資產類別的卓越績效，更不是來自外部投資人享有的高水準報酬；故事中的所謂成功，僅僅指的是基金經理人的豐厚報酬，或者隨著基金規模膨脹而帶來的管理費收入。這些故事說的是代理人，不是當事人。千萬不要被這類故事扭曲了你的參照基準。

掛牌股票以外的其他資產類別，當然也有其社會功能。市政公債募集都會區基本建設所需的資金。創投基金有助於醫學研發突破。作物期貨協助農夫規避風險。可是，這些投資工具很難創造優異的報酬。

價值投資人看待掛牌股票的心態，通常不太相同。我們不認為股票只是顯示器上的報價代碼，代表未來幾個小時、幾天或幾個星期的行情波動。我們認為股票代表企業所有權的一部分。基於這種立場，投資變成了一種深思熟慮的活動。買進股票也就是買進事業。

為了更進一步強調這種立場，我們經常設想自己買下整家企業。所以，無論買進 100 股，或買進 100% 股權，我們都秉持一致的處置方式。分析投資，從分析事業開始。

這套方法稱為基本分析，著眼的是企業的財務報表、策略定位，以及其他與特定企業相關的因素。這種分析方法通常不太關心股價走勢圖與總體經濟因素。

從事基本分析，公司年度報告是我們仰賴的主要資料來源。這是掛牌上市公司每年寄給股東的一份類似雜誌的文件。這份文件也可以從公司的網站免費下載。可是，年度報告的篇幅往往超過 100 頁，配上圖像資訊、公司標誌，以及高階主管的照片。我們該如何有效地瀏覽這份文件呢？

一般來說，內容愈漂亮，用途愈小。撇開走勢圖、執行長的致股東信函，以及世界地圖；從財務報表開始，才是年度報告真正的內容。

年度報告內容的編排位置，跟內容的重要性並沒有關連。這些編排只是反映了公司想要突顯的主題。至於什麼才是真正重要的內容，由我們決定。

以通用汽車公司（General Motors Company）為例，2014年的年度報告長達 135 頁。最初十幾頁是有關雪佛蘭車主在科羅拉多地區悠遊的照片、凱迪拉克品牌的重新定位，以及報導公司捐贈足球給國際衝突地區的孩童。[7] 這些資訊對價值投資人來說是否重要？不。這些內容真的毫無意義嗎？也不盡然。只是，這些資訊顯然不值得放在版面的精華位置。

幸運的是，所有的美國上市公司都必須申報樸實版本的年度報告，這份文件稱為 10-K，採用黑白印刷，而且很體貼地

刪去了各種產品圖像與圓餅圖。在美國集中市場掛牌交易的外國公司，也需要申報類似的 20-F 文件。

10-K 與 20-F 文件可以從公司網站或美國證券管理委員會（SEC）網站 www.sec.gov 下載。有些美國企業甚至會在年度報告中納入 10-K 文件。

網路上的數據供應商所提供的大量資訊，就相當於 10-K、20-F 或年度報告所包含的資料，而且採用的格式通常更容易閱讀、消化。既然如此，我們為什麼還要以如此老套的方式閱讀這些資料呢？

理由有兩點。第一，年度報告的內容通常比較可靠。網路數據供應商屬於出版業者，受到法律的保護。在美國，出版商受到美國憲法第一修正法案的保障。在加拿大，相關法律是加拿大權利與自由憲章；在德國則受到基本法保障；很多其他國家也有類似的言論自由保障。網路數據供應商一旦犯了錯誤，頂多就是流失訂閱戶。

反之，上市公司根據規定必須申報年度報告，內容必須正確無誤，否則將受到法律制裁。如果企業隨心所欲地公布錯誤資料，企業高階主管可能因此鋃鐺入獄。認真削尖鉛筆、好好計算的，是出版商或企業財務長呢？

第二，網路數據供應商針對年度報告的內容進行摘要整理。這個程序勢必涉及詮釋；即使沒有意圖，詮釋也可能扭曲內容。價值投資人希望盡量使用原始資料。我們想要取得第一

手資料。詮釋的工作，我們自己來。

季報也很有用，但重要性不如年報。這是因為季報內容的嚴謹程度不及年報。這並不是說季報的內容草率，只是沒有經過審計。換言之，財務報表沒有經過外部的專業會計師確認數據公正、完整。當然，即使經過審計，也不能保證資料完美無誤，但至少多了一層保障。

季報用處不大的另一個原因，在於會計年度的第四季報告經常成為前三季的收尾估計。所以，相較於 12 個月期的資料，季報的 3 個月期資料相對不夠可靠。

可是，季報也有用途。我們稍後將會提到，有些資料的及時性很重要，至於有沒有經過審計則相對不重要；針對這類資料，我們就得仰賴季報。

在美國，簡化格式的季報稱為 10-Q，而且與 10-K 文件一樣可以從公司網站免費下載。

針對美國企業，還有另一種相當有用的文件，那就是委託聲明書（proxy statement）。每年的股東大會之前，投資人可以從公司網站下載這份資料，其中內容包括高階主管的薪資、董事支領的報酬，以及各種潛在的利益衝突。理想的情況下，這些資料應該併入年度報告。在很多國家，情況確實如此。

另一個資料來源，是企業的投資人關係部。這個部門的人員負責回應現有與潛在投資人的各種問題。最好的聯絡管道，是透過電子郵件提出可以根據事實解答的明確問題。小型企業

通常由財務長兼任這個職務，或者外包給專業的公關機構。

我發現，投資人關係部門有各式各樣的人員，有的樂於協助，有的卻毫無回應。最理想的人員實事求是，而且迅速、完整地提供解答。另一些則表現得比較差。可是，不完整的回答，本身也是有用的訊息。投資人關係部的人員如何回答問題，本身就是答案的一部分。

價值投資人最可靠的資訊來源，往往都不需要成本；這聽起來或許有點不可思議，但事實就是這樣。我們印象中的股票交易者總是被電腦螢幕圍繞，嚴肅地追縱著各種即時資訊；但這裡所敘述的卻完全不符合這種印象。然而，在價值投資的世界，免費、簡單的東西，往往更勝於昂貴、複雜的東西。

摘要

❶ 價值投資人專注於掛牌上市股票，因為這類資產的長期表現最好。

❷ 股票代表企業所有權。

❸ 精明的股票投資奠定於基本分析。

❹ 年度報告是從事基本分析最可靠的免費資料來源。

CHAPTER

3

價格不同於價值

  Aqua Sphere 是來自義大利的泳鏡品牌。相較傳統的泳鏡，這個品牌的產品看起來有點奇怪，因為捨棄了傳統的左右鏡圈設計而採用整體架構，並且利用矽膠包覆裙邊。這些泳鏡看起來像是被壓扁的滑雪鏡。

  對泳者來說，這種設計具有優勢。泳鏡繫帶壓力更均勻分布到臉部的較大面積，而質地柔軟的裙邊設計也能減少漏水的狀況，同時扁平化設計則可以減緩阻力。另外，即使隔壁水道的泳者不小心揮臂擊中鏡框，鏡圈也不至於反轉而讓鏡片凸面壓迫泳者的眼眶。

  基於這些理由，很多泳者偏愛 Aqua Sphere，因為這是比較好的產品。

  我在舊金山的折扣體育用品店，花了 $23 買到一副 Aqua Spheres 泳鏡。可是，十條街之外的鐵人三項精品店，相同型號的泳鏡以 $30 販售。當然，兩者的功能完全相同。同樣舒適、同樣防水、同樣的流線造型。價格顯然沒有影響品質。

現在，我們設想另一種情況：這種高功能產品的價格開始上漲。突然之間，整個南加州再也無法用低於 $35 的價格買到 Aqua Sphere 泳鏡。

泳者開始設想各種理由。因為泳鏡在義大利熱那亞生產，或因為奧林匹克選手們採用這種產品。謠言開始流傳。又或許這款產品即將停產。Aqua Sphere 儼然成為罕見的精品。

部落客也來攪動這股潮流。他們發現過去忽略的某些特徵。這些產品在地中海進行測試，或是皇室成員特別喜歡使用。健康產品評論者表示單一鏡框顯得更性感。超級模特兒為每件泳衣搭配不同的泳鏡。於是需求激增。熱那亞的失業人口急遽減少。

現在，我們再想像另一個完全相反的情況。Aqua Spheres 泳鏡價格不但沒有上漲，反而暴跌。首先，三項鐵人精品店的售價向下調整到折扣運動用品店的水準，每副 $23。然後，該精品店不再販售這項產品，開始出清存貨，每副價格 $19。不久後，Aqua Sphere 泳鏡開始出現在雜貨店的特價區，每副 $9.99 的紅色價格標籤就直接貼在泳鏡的鏡片上。

泳者之間開始出現流言蜚語。這款泳鏡看起來不夠經典，樣子很古怪。救世軍發現這種義大利泳鏡的捐贈數量明顯增加。突然之間，似乎再也沒有人想要這些東西。

很蠢？嗯，運動產品有流行趨勢，這種情況不難想像。以特定款式的泳衣為例，市場需求也會隨著消費者偏好的變動而

起伏波動。

可是，這種功能型泳鏡或許屬於技術產品，品質決定價值。Aqua Spheres 擁有明確的客觀特質，而且得到多數泳者的肯定。泳鏡戴起來更舒適、更不容易漏水、具有流線造型。產品的優秀表現來自於這些明確的理由。

至於企業呢？是否也受制於流行趨勢的影響？或者，品質足以決定價值？沒錯，企業也具備一些能夠反映價值的素質。可是，人氣也經常隨著股價走勢而擺動。

某些企業表現優異，營運得相當成功，擁有紮實的策略定位，並且採取股東友善的經營取向。大多數時候，這些企業的股票價格相當合理，但有時候會飆漲，有時候大跌。可是，股票價值不會受到價格擺動影響，就像 Aqua Spheres 泳鏡不會因為在大拍賣時購買而漏水。

這個概念是價值投資的重點。價值投資的核心信念是：價格不同於價值。價格是特定時間進行買賣的金額；價格總是波動。

反之，價值代表某種東西自身所值得的。價值的波動程度較小。

對於價值投資人來說，價格完全不能代表價值。只有基本分析才能彰顯價值。就泳鏡而言，基本分析指的是泳鏡配戴舒適程度、防水能力與阻力等等的測試。就企業而言，基本分析將測試歷史營運表現、策略定位，以及股東友善取向等等。價

格不算數。價格只會影響何時買進，不會影響買進什麼。

　　這個區別經常被忽略。大眾媒體經常誤以為價格就是價值。例如，2014 年年底，蘋果電腦股價創新高，倫敦《每日電訊報》（*Telegraph*）大聲疾呼，「蘋果目前的價值超過 $7,000億，」稱這家公司為「全世界價值最高的企業。」[1]

　　蘋果真的值得 $7,000 億嗎？或者，那不過只是蘋果的價格？答案顯然是後者。前者可能正確，但後者絕對正確。

　　價值投資人對於價格與價值所做的脫勾處理，顯然直接違背經濟學理論所主張的效率市場假說。這套理論認為，物件的價格即代表其價值。效率市場假說奠定在理性之上。換言之，人們在市場上採取行動之前，將充分權衡成本與效益，因此會產生精準的價格。

　　價值投資人承認，股票的平均價格長期而言應該可以反映平均價值。可是，就某個時間點來說，未必如此。而這些時間點已經足以反駁效率市場假說。每當價格顯著偏離價值時，正是價值投資人採取行動的時機。

　　多數人認為，價格居高不下，而且繼續上漲，就代表公司的價值高；反之，價格偏低而持續下跌，就代表公司價值低。他們認為價格是素質的指標。

　　價值投資人不會陷入這種錯覺。我們採用基本分析取得某種內含價值（intrinsic value）。內含價值是我們對企業價值的衡量。

確定內含價值是一個客觀的程序。可是，過程中涉及某種程度的判斷。我認為其中有許多判斷相當困難。超額現金（excess cash）就是一個例子，這是後續篇章將會討論的其中一個數據，指的是企業擁有而不需要動用的現金。

　　有些價值投資人認為，所有現金都是超額現金。他們認為，只要企業需要某一筆現金，那就不會存在這筆現金，因為現金已經被用來購買某些東西。

　　另一些人的想法則剛好相反。他們認為，除非存在反向證據，否則所有的現金都是必要的。他們認為，企業擁有的現金，對企業營運有幫助，至少可以嚇跑潛在競爭者。

　　我經常難以取捨。所以，我有時候會計算兩組數據；其中一組數據假定所有現金都是超額現金，另一組數據假設沒有任何現金為超額現金。我最終會得到某個內含價值的區間。

　　區間的形式其實已足以處理內含價值的問題。如果某家好企業的價格低於區間下限，就代表價格不貴，我會買進。反之，價格如果高於區間上限，則意味著價格昂貴，我可能賣出。無法計算出精確的內含價值，實際上並不構成限制。如果你正在寫博士論文，或許需要這種精確度，但我僅僅想要決定是否買賣股票。

　　價格下跌未必代表股價便宜。如果股價從年度最高價下跌50%，這僅僅證明股價從年度最高價下跌 50%。只是這樣，沒有其他意義。同理，股價上漲也未必意味著價格偏高。極端

的價格走勢，可能吸引人們去分析相關企業；除此之外，價格波動並沒有提供任何額外訊息。

　　請注意，價值投資對價格的看法如此不同。如果眼前的價格是個優惠，我們接受。否則，我們不接受。價格沒有告訴我們任何其他東西。價格如果落在內含價值的區間之外，我們不會因此而突然質疑我們的分析。我們會停頓下來，開始思考，然後決定是否應該做些明智的行動。

摘要

❶ 某些公司很優秀。

❷ 優秀的公司值得以某個價格買進，但不是任何價格都值得。

❸ 價格與價值經常被混為一談。

❹ 投資人如果懂得區別價格與價值，就可享有罕見的優勢。

4

衡量績效

　　如何正確衡量個人的投資報酬，這看似一個過於基本的課題，實在沒有討論的必要。尤其對於專業基金經理人來說，他們那些歷經考驗而顯然適用的計算方法，使用起來更自在；所以，謝謝了，這種事情實在不需要討論。但是，實際操作卻是全然不同的一回事，而且大有可能自欺欺人，所以還是值得在這裡稍做檢討。

　　正確計算過去的投資績效，是一件重要的事。你有了一個衡量基準，也可以作為追蹤未來報酬的模板；而且，還可以檢視是否存在改善的空間。

　　計算務必誠實，方法務必嚴謹，就如節食者使用的磅秤必須精準。經紀商提供的對帳單通常很混亂，再搭配晦澀難懂的內容；這是金融機構最愛做的事。可是，這些訊息確實包含了你計算績效時所需要的資料。

　　我透過三個步驟衡量自己的績效。第一，我計算個別年份的報酬率。第二，我計算所有年份的平均年度報酬率。第三，

我針對平均年度報酬率與基準指標進行比較。

　　首先，我計算每年的報酬。針對每一個年份，我想知道管理的資金相對於賺取金額的比率。我賺取的金額是分子，管理的資金則是分母。分子除以分母，就會得到一個百分率數值，這等於我在該年創造的報酬率。

　　分子由四個部分構成：資本升值、*實現利得、股利與利息。

　　首先是資本升值（capital appreciation）。這是指持股的價格在市場上漲或下跌的幅度。針對年底所持有的每一個股票部位，我都個別進行計算。

　　如果某個持股從前一年結轉到該年年初，我會以年底的收盤價減掉年初的股價，計算該年的資本升值。我會針對完整的部位做計算，以反映我的持股數量。假設我從年初開始持有某家公司的 1,000 股股票，年初的股價是 $100，年底的股價則是 $120，那麼我會以 $120,000 減掉 $100,000。

　　年初的股價，也就是前述例子的 $100，來自去年的經紀商對帳單。這是去年的收盤價。這個數值比新的一年第一天的價格更好，因為後者可能是新的一年第一個交易日結束之後的收盤價。我想要採用今年還沒有開始進行交易之前的價格。

　　如果我在年中開始持有某個股票部位，則把年底收盤價，

....

* 譯按：「資本升值的利得」可以劃分為「未實現」與「已實現」兩個部分，作者把「未實現」
　部分稱為「資本升值」，「已實現」部分則稱為「實現利得」。

減掉購買股票的全部成本，包括佣金。

分子的第二部分是實現利得（realized gains）。計算方法與資本升值一樣，但針對的是年中已結束的部位。這些部位如果從前一年結轉過來，則計算賣出價格（扣掉交易佣金）減掉年初價格；部位如果在年中建立，則計算賣出價格（扣掉交易佣金）減掉買進成本（包括交易佣金）。

分子的第三部分是全年度收取的股利。這個部分很單純，可以直接引用經紀商對帳單的數據。

有些國家的政府會針對股利預扣稅金。舉例來說，法國會預扣 30% 的股利。[1] 如果擁有一股法國公司的股票，支付的股利是 10，則政府會預扣 3，持股者不容易索回預扣的股利（實際上幾乎沒有辦法），所以真實的股利只有 7。以上例子中的 10 是虛構的數值。

這並非特別針對法國而言。其他國家也是一樣，想要索回預扣稅金，實在太困難。確切的申請方法是有的：第一步是向公共事業預算局（*Ministère du Budget des Comptes de la Fonction Publique*）遞出 5000 與 5001 表格。不過，申請程序繁瑣，不僅曠日廢時，結果也不確定。

分子的第四部分是利息，包含兩種。一種是為了購買股票而準備的現金所賺取的利息，另一種是年中賣出股票之後產生的現金所賺取的利息。

本書撰寫時，美國證券帳戶支付的利息幾近於零。所以，

根本不值得計算。可是,如果利息夠高,譬如巴波亞雪糕每支售價 $1.25 的 1979 年,那麼這筆收入就非常值得計算。那樣的時代可能會回來,因此理想的計算公式應該涵蓋這個元素。

分子的總數包括資本升值、實現利得、股利,以及利息。

相較於單純計算投資組合在 12 月 31 日的市值,然後減掉 1 月 1 日的市值,以上敘述的方法比較好,因為某些資金可能在年中被提領。個人投資者可能為了買房子而提領現金。基金經理人可能提領現金因應投資人贖回。資金提領不該被視為報酬減少。同理,存款也不該被視為報酬增加。我們的方法可以避免這兩種問題。

分母是全年管理的資金,正式名稱是管理資產(assets under management),也就是創造資本升值、實現利得、股利和利息收益的資金。

想像一個果園。收成的果實是分子,土地面積則是分母。

分母由兩個部分構成。第一部分是去年結轉的股票部位,按照年初價格計算,第二部分則是整個年度準備用來購買股票的現金。

分子除以分母,就可以得到該年度的報酬。更明確地說,這是**總報酬**,請參考圖 4.1。**總報酬**意味著分子包含了股利。

如實計算的話,總報酬是相當有用的數據。如何確保如實計算呢?首先,應該包含所有東西。如果同時擁有許多經紀商帳戶,就應該合併計算,包括那些表現很差的帳戶。

```
    資本升值
 +  實現利得
 +  股利
 +  利息
 ─────────────────────      ＝總報酬
管理資產
```

圖 4-1　總報酬的計算方式

　　第二，設定實際的投資起始日期，不應該任意選取投資組合價格上漲的起點作為投資起始日期。

　　我衡量績效的第二步驟，是計算年度平均報酬。平均報酬比任何單一年份的報酬率更重要，因為關鍵在於長期績效。以我們預期活在世界上的時間來說，長期報酬確實比單一年份的報酬顯得更重要。

　　必須納入至少三年的總報酬資料，計算得出的平均報酬才有意義。

　　我最近三次從帕羅奧圖開車到山景城，花費的時間分別是 12、11 與 22 分鐘。所以，三次的平均時間是 15 分鐘。這就是日常生活中經常接觸的平均數概念，也稱為算術平均數（arithmetic mean）：加總所有的資料點，然後除以資料點個數。

　　可是，算術平均數並不適用於報酬的計算，因為這種平均數不能反映成長的複利效應。我們採用的平均數，是所謂的幾

何平均數（geometric mean），也稱為年複利成長率（compounding annual growth rate，簡稱 CAGR）。

如果針對每一年的數值套用幾何平均數的計算程序，則實際上起伏波動的報酬數據將會被平滑化。

大多數試算表軟體都內建幾何平均數的計算函數，也就是微軟 Excel、Google Sheets，以及 Apache OpenOffice 中的 GEOMEAN。

假設我的車程時間代表我連續三年的報酬。換言之，第一年的報酬為 12%，第二年為 11%，第三年為 22%。在這種情況下，GEOMEAN 顯示的平均報酬率是 14%：

http://www.goodstockscheap.com/4.1.xlsx

有些試算表的幾何平均數函數無法處理負數。如果某一年的報酬為負數，譬如負 10%，電腦程式就無法進行計算。

這個問題的解決方法並不難。把每年的報酬數據分別加上 100%。所以，某一年的負數報酬負 10% 將變成正數 90%。接著，運用這些新數據計算幾何平均數，結果再減掉 100%，這就是年度平均報酬率。

衡量績效的第三步驟，是比較自己的平均報酬率與某個參考基準。參考基準有兩大類：相對與絕對。

相對參考基準是指 S&P 500 總報酬之類的指數。這個指

數的 2011 年報酬為 2.1%，2012 年為 16.0%，2013 年為 32.4%。這三個數據的幾何平均數為 10.3%。所以，就這三年期間來說，10.3% 是參考基準。*

假設某個人在這三年期間的投資平均報酬為 5%，則表現落後參考基準。更明確地說，落後程度是 530 個基點（basis points，bps）。如果投資平均報酬為 14%，則超越參考基準 370 個基點。

為什麼要表示為 370 個基點，而不直接使用 3.7%？主要目的是避免誤解。如果表示為 3.7%，可能被誤解成基準的 10.3% 再加上 10.3% 的 3.7%，也就是 0.4%。所以，如果說某個人的表現比參考基準 10.3% 勝出 3.7%，可能被解釋成 10.3%＋0.4%＝10.7%。可是，我們所說的 3.7%，並不是取 10.3% 的 3.7%。我們的意思是直接把 3.7% 加到 10.3%，也就是 14%。表示為基點，情況就很清楚。

另一種基準是絕對的參考基準，也就是某個特定的百分率水準，譬如 10%。所以，絕對參考基準並不考慮市場表現。

主張採用絕對基準的人強調，只有正數報酬才有用，負數報酬畢竟不能拿來花用。當股價指數下跌 8% 的時候，6% 的

---

* 編按：作者在本書的專屬網站上做了更正說明。「本書第 4 章指出，幾何平均數約略等於年複利成長率（CAGR）。這個陳述在大部分時候都成立；但是，有時候一組過於分散的數據所得到的幾何平均數，將顯著有別於完整計算的 CAGR。這個段落裡的數據就是一例。以上例子顯示 2.1%、16.0% 與 32.4% 的幾何平均數為 10.3%。然而，根據完整公式計算，這組數據的 CAGR 是 16.2%。以下的試算表檔案顯示了兩種計算方式的差異：http://www.goodstockscheap.com/erratacagr.xlsx。」

投資虧損雖然相對優於指數，但也沒有用。

反之，主張採用相對基準的人認為，大盤市場有推波助瀾的效果，自然會造成正數報酬。如果沒有體認這點，就可能忽略股票市場整體趨勢的影響。譬如，22% 的報酬看起來似乎很了不起，但大盤指數如果上漲 21%，這種表現就不特別突出了。

另外舉個例子，我在飛機場跑 100 米只花了 10 秒鐘，這種速度不亞於奧運短跑選手，問題是我沒有扣除移動走道的速度。

關於相對基準，爭論的焦點在於參考基準的選擇。挑選 S&P 500 或道瓊工業指數作為大盤指數的參考，或許很單純。這些指數的設計原本就是為了反映整體經濟。可是，如果投資報酬必須與某種結構特殊的指數進行比較，情況就完全不同了。

「哈林環球旅行者」籃球隊（Harlem Globetrotters）是美國一支從事花式籃球表演的隊伍。這個籃球隊的重心在於趣味性的娛樂表演，不是運動競賽。哈林籃球隊努力展現隊員們的趣味特技；他們與另一個球隊，也就是「華盛頓將軍隊」（Washington Generals）合作，一起做巡迴表演。

華盛頓將軍隊的球技平凡。他們顯得笨手笨腳，而且是故意的。這個球隊的目標是輸球。

有些參考基準看起來就像投資界的華盛頓將軍隊，其存在

就是為了被打敗。換句話說，市面上有無數特殊的指數可供挑選，必定有某個指數可以被打敗。有一家參考基準指數的供應商，提供超過 180,000 種全球性股價指數。²

可是，挑選某個華盛頓將軍隊之類的基準，顯然不是價值投資人的目標。如果要挑選參考基準，就應該選取標準的指數。而且，選定了之後就貫徹始終，不再更換。

我偏好採用相對的參考基準。我選擇以 S&P 500 總報酬指數作為個人績效的衡量。這個指數包含股利，這是必要的，因為我的個人報酬衡量也包含股利。我認為，長期而言，技巧高明的價值投資人所創造的每年平均報酬，有可能超越這項指數 500 個基點。

當然，我的個人偏好並沒有太大意義。衡量的期間愈長，相對或絕對參考基準的選擇就愈不重要。這是因為隨著年數的增加，大盤指數的平均報酬率將趨近於某個固定的百分率，效果也就相等於某個預先設定的絕對標準。所以，這不是太重要。

真正重要的是長期的結果。個別年份的表現意義不大。至於更短的期間，意義就更小了。計算每季或每幾個月的績效，幾乎毫無意義。事實上，如此短暫的期間，呈現的通常是劇烈的價格波動，而其中反映的是群眾的激情或恐慌情緒，不是他們的投資能力。追蹤這類短期績效，往往讓投資傾向於追求短線報酬而忽略長期目標，因此招致反效果。

我稍早提到某些政府會預扣股利稅金，因為官僚程序繁瑣，報酬衡量的分子部分所納入的，應該是已預扣稅金的股利。另一方面，我們這裡討論的報酬卻是稅前報酬。這是有瑕疵的，但卻又是必要的。

　　說有瑕疵，是因為某個部分的報酬顯然被課了稅金。股利有課稅。已經實現的資本利得也是如此。就美國來說，已經實現的短期資本利得，也就是股票部位持有期間不滿一年所產生的報酬，視同普通所得課稅。長期資本利得也需要課稅，但適用的聯邦稅率較低。

　　但這是必要的，因為我們只能討論稅前報酬。全世界各個國家和地方的稅率大不相同。即使在同一個國家，也有些帳戶需要全額課稅，有些可以遞延課稅，有些則可以免稅；某些州或省也要課稅，有些則不需要。另外，投資人所有其他來源的所得也必須被納入考慮，才能決定適用的稅率。所以，稅後報酬實在沒有太大意義，因為每個人的情況都不一樣。

　　可是，這並不是說稅金不重要。稅金當然很重要。當我們挑選適合持有較長期限的股票時，稅金因素對投資策略的影響就會顯現。

　　有時候，投資人指定一筆準備投資的現金，但在一整年當中，始終沒有找到適當的投資機會。這些現金年初即存在，年中也存在，年底仍然存在。換言之，這筆現金始終沒有投資股票部位。在這種情況下，這筆現金應該從分母剔除嗎？

這取決於我們想要衡量的是什麼。如果我們想衡量的，是充分投資的股票投資組合，那麼這些現金不應該計算在內。

可是，如果我們想要衡量所有管理資產當中準備用作股票投資的資本所產生的總報酬，則前述現金應該納入分母。不過，基於一致性的考量，這些現金賺取的利息也應該納入分子。

這兩種處理方式都各有好處。排除了沒有投資的現金，投資報酬和參考基準之間更適合進行比較。畢竟 S&P 500 之類的股價指數，就定義而言都是充分投資的股票投資組合，包含的只有股票，沒有現金。

可是，我們也有理由把未投資的現金納入分母，因為這也反映我們尋找投資機會的能力。我們不能自欺，以為自己沒有投入資金，是因為沒有適合的投資對象。承認這種讓人失望的事，可以鼓勵我們提高尋找投資機會的能力。

我在加州大學洛杉磯分校（UCLA）唸大一時，曾經見過宿舍組的副主任。當時我跟他討價還價，嘗試為自己爭取大學二年級的宿舍。結果雖然失敗了，但這次的接觸頗有收穫。

我所說的收穫，指的是當時事後閒聊時他說的一句話。這位已經接近退休年齡的副主任看起來相當睿智，也很健談；他對我說：

能夠辨識問題，才能管理問題。

我馬上意識到自己聽到了一句很有用的話。自從那個春天

早晨以來，雖然已經過了 30 年，我仍然覺得這句話非常適用於許多領域。

尤其是針對投資相關的事。如果我們能夠正確衡量投資績效，也就等於能夠辨識問題。沒錯，計算自己的平均報酬是一個相當吃力而繁瑣的程序。可是，這是必要且無法規避的。如果你想管理投資，就必須做這件事。

摘要

正確計算自己的投資績效，涉及下列三個步驟：

❶ 衡量每個年份的報酬百分率。

❷ 計算所有年份報酬百分率的幾何平均數。

❸ 比較前述平均數與參考基準。

PART 2

價值投資模型

瞭解事業

> 我瞭解這家公司嗎？
>
> 產品
> 顧客
> 產業
> 形式
> 地理
> 狀態

　　價值投資模型首先需要問一個根本的問題：我瞭解嗎？這個問題源自於我們知道股票實際上不過就是事業所有權的一小部分。所以，更明確地說，我們想要瞭解的是這一家公司。

　　真正瞭解了一家公司，就應該能夠用簡單的一句話，簡潔敘述該事業的整體概況。我稱此為理解陳述（understanding statement），透過大家都能理解的語言表達。以沃爾瑪百貨（Wal-Mart）為例子：

　　這家公司是全世界規模最大的零售商，透過主要分布於北美地區的連鎖商店，快速銷售雜貨之類的超值商品給較低所得

的顧客。

　寫下這段話的人，恐怕不太可能不瞭解沃爾瑪百貨。想要組構一段這樣的陳述，其中涉及特定程序。我們需要透過六項參數來界定相關事業。

　第一項參數是產品。公司生產的是商品還是服務？這是很簡單的區分。商品是實體物件，服務則不是。三星電子是南韓的電子產品製造商，銷售的是商品。西南航空是總部設立於美國達拉斯的航空公司，銷售的是服務。

　沒錯，三星也銷售長期產品保證合約，這屬於服務。同理，西南航空也銷售飲料，這屬於商品。可是，這兩家事業的主要營業收入，顯然分別來自商品與服務，只要觀察這兩家公司的 10-K 文件就很清楚了。

　普通商品（commodity）與差別性產品（differentiated products）是另一種有用的區別。普通商品的性質可以在紙上客觀敘述，差別性產品則不能。

　就所有產品來說，普通商品與差別性產品居於光譜的兩端。換言之，各種產品有不同程度的差別化。品牌愈重要，產品差別化愈大。

　以美國匹茲堡的鋅產品製造業者馬頭控股公司（Horsehead Holdings）為例，[1] 鋅是製造業普遍使用的原物料；這是一種普通商品，因為產品可以完全藉由重量、形狀、純度等條件界定。至於鋅錠上的「馬頭」品牌標誌，並不重要。

反之，我們看看法國巴黎的路易威登集團（LVMH），那是 LV 手提包與 Thomas Pink 襯衫的生產者。[2] 這家事業的產品具有高度差別化，注重的是外觀、感覺、聯想等等。這些產品不太容易具體描述。

好的產品定義必須夠精細，但又不至於造成不必要的限制。就沃爾瑪百貨來說，「雜貨之類的超值商品」應該就足夠了。這句話反映該公司銷售的是各種非昂貴商品，同時突顯雜貨作為最主要的產品類別。[3] 至於其他案例，產品定義往往就不是很清楚。

我們再看美國猶他的太陽能業者 Vivint Solar。該公司為民宅安裝太陽能面板，並且把這些系統出租給屋主，以降低整體能源成本。這家公司的產品或許可以稱為住宅太陽能服務。

可是，如果仔細閱讀該公司的 10-K 文件，就會發現情況並非如此。Vivint 指派一名副總經理負責資本市場。這個部門為投資基金提供資金。[4] 這是什麼？某種銀行嗎？

不是，但 Vivint 實際上提供的是一種金融產品。這些太陽能系統並不是由公司直接擁有，而是隸屬於公司旗下的合夥機構。Vivint 招募可營利的美國機構投資這些合夥事業。透過相關安排，這些美國機構有權享有特殊的政府津貼，稱為太陽能投資課稅津貼，可以降低課稅所得。所以，沒錯，Vivint 的產品之一是住宅太陽能服務。可是，另一項是課稅津貼。

我們為什麼需要如此強調產品的定義？因為我們稍後將花

費不少時間，探討公司面臨的競爭威脅。舉例來說，美國國會將來如果通過法案，提供課稅津貼給予地下停車場的投資，這將減少可供投資 Vivint 基金的資金。這項法案可能帶來威脅；可是，如果我們沒有把課稅津貼視為產品，就會忽略這方面的威脅。

想得簡單一點。聯合利華（Unilever）是生產多芬洗髮精（Dove Shampoo）、康寶湯品（Knorr soup）與立頓茶品（Lipton tea）等品牌的歐洲廠商。[5] 如果把聯合利華的產品定義為快速消費品，應該不至於有誤。很多人都是這麼想的。可是，如果定義為洗滌劑與食品，可能會更清楚。

第二項參數是顧客。顧客購買公司的產品，這些顧客是消費者或組織？消費者為自己或家人購買產品；組織則可能是政府單位、社團或其他公司。

顧客的定義愈明確愈好。以美國佛羅里達的女裝品牌 Chico's 為例，[6] 如果說公司的顧客以女性為主，這種說法是正確的；可是，如果能夠明確指出該公司的顧客是 35 歲或以上的中等收入女性，則可能更恰當。只要閱讀 Chico's 的 10-K 文件，或實際造訪某一家分店，就可以掌握這種層次的細節。

以前文提及的沃爾瑪百貨來說，「低所得顧客」就是我們需要的明確界定。這是直接取自該公司的 10-K 文件，其中說明公共補助金（public assistance payments）是該公司營業績效的驅動力量。[7] 這項陳述相當突出；以比較接近中間市場的塔

吉特連鎖店（Target chain）為例，其 10-K 文件就沒有類似的描述。[8]

顧客不同於使用者。我使用雅虎（Yahoo），但我從來沒有付半毛錢給雅虎。不過，雅虎網站的廣告刊登者給雅虎付了很多錢。他們是顧客。所謂顧客，是指付錢給公司的人。

第三項參數是產業。這一點通常很直接，沃爾瑪顯然屬於零售業。可是，有時候也會涉及一些細節。

以總部設立在紐約的雅芳（Avon Products）為例，該公司產品主要和健康美容有關，所以應該被納入化妝品產業。可是，雅芳也是全球規模最大的直銷組織之一，公司把行銷化妝品的商業機會販售給雅芳的獨立代理商。[9] 從這個立場來看，該公司屬於多層次行銷產業。如果站在這種觀點，則經營廚房用具等等其他商品的多層次行銷業者，也成為了雅芳的競爭者。

第四項參數是形式。形式指的是事業的組織結構，包括法律與營運方面。

企業的法律形式通常很平凡，不值得注意。美國大多數上市企業都以公司（corporations）形式運作。公司名稱的結尾通常是 *incorporated*、*inc.*、*company*、*co.*、*corporation*、*corp.* 等等。同樣的，英國的公共有限公司（public limited company）名稱結尾是 *PLC*，德國的 *aktiengesellschaft* 名稱結尾是 *AG*。

可是，一些企業採用非典型的法律形式。這往往有助於解

釋企業的某些作為。以芝加哥的公寓大樓業者「住宅地產集團」（Equity Residential）為例；該集團每年都會把絕大部分的淨利以股利的形式分配給股東，比率遠超過絕大多數美國上市公司。為什麼？

原因在於事業形式。住宅地產集團採用房地產投資信託基金（REIT）的形式。[10] 根據規定，REIT 可以基於某些行為而享有特殊的賦稅優惠；例如，公司的大部分營業收入必須來自房地產市場。或者，至少 90% 的課稅所得必須以股利的形式分配給股東。所以，這家公司分配大量的股利，是因為根據規定而不得不然的舉動。瞭解住宅地產集團的形式，顯然有助於看清該公司的股利政策。

形式也可能指事業經營的結構而言。某家企業可能是特許授權公司（franchisor），譬如來自聖地牙哥的速食連鎖店 Jack in the Box 餐廳。有些企業也可能是特許加盟者（franchisee），譬如經營漢堡王（Burger Kings）的 Carrols 餐飲集團。

此外，還有其他形式的營運結構。某家企業可能屬於多層次行銷業者，譬如前文提到的雅芳。企業也可能採用垂直整合的形式，在整個產業價值鏈的許多節點都設有營運單位。

愛生雅集團（SCA）就是垂直整合業者的最佳代表。該公司是歐洲最大的森林地主，擁有歐洲大片林地與鋸木廠，旗下有幾種利用吸水性絨毛紙漿生產的著名紙尿布品牌。[11] 一般上，尿布由其他的獨立企業生產，這些獨立廠商購買吸水性絨

毛紙漿作為原料；然而，既然 SCA 是一家擁有大片林地的業者，同時生產尿布似乎理所當然。

沃爾瑪百貨的營運是透過附屬機構與合資事業進行的。可是，這種組織結構相當正常，因此我們沒有在前文的理解陳述裡提到這家公司的法律形式。沃爾瑪就是一家普通的公司，不過我們的陳述裡也隱約提到該公司的營運形式。我們說，這家公司快速銷售產品給顧客，這一點強調了沃爾瑪賴以提升獲利能力的高效率內部分配網絡。[12]

第五項參數是地理。地理資訊包括顧客、營運與公司總部所在的地理位置，至於應該強調哪一項資訊，則視企業而定。就沃爾瑪而言，最相關的地理資訊是商店的分布；該公司的連鎖商店主要分布於北美地區。[13]

公司的地理資訊可能引發一些爭議。以香菸製造商菲利普莫里斯國際（Philip Morris International）為例，公司總部設立在紐約，股票也在紐約證交所掛牌，但銷售市場完全在亞洲、非洲與美國之外的其他地方。[14] 該公司因此可以不受本國法律限制而自由在海外市場銷售香菸。由於香菸危害健康，具成癮性，有些人可能對這樣的制度安排產生道德疑慮。總之，想要瞭解公司營運，就必須掌握公司的地理資訊。

這類爭議有時候會涉及稅金。舉例來說，醫療器材製造商美敦力（Medtronic）原本是美國企業，營運市場也以美國為主。可是，該公司後來併購了總部位於愛爾蘭都柏林的柯惠醫

療（Covidian），並且將公司總部遷移到愛爾蘭。[15] 為什麼？

因為愛爾蘭的公司稅率較低。有些人認為這種基於稅金考量的結合，也就是所謂的倒置（inversions），其實是為了規避對母國履行義務。可是，不論個人立場如何，想要瞭解一家企業，往往需要釐清地理背景產生的稅金影響。

第六項參數是狀態。這是個包羅萬象的籠統用語，可能用來描述公司的特色、歷史、演變，乃至於值得提及的任何優點。

讓我們看看西爾斯（Sears Holdings），這是美國最老牌的百貨公司之一。這家公司曾經是零售業巨人，但到了 2016 年卻處於賠錢狀態，營業收入減少，店面陸續關閉，[16] 營運逐漸凋零。這個狀態參數突顯了公司目前的處境。

有時候，狀態參數也可以用來描述企業規模。前文有關沃爾瑪百貨的理解陳述，稱這家公司為全世界規模最大的零售商。為什麼這一點很重要？

因為規模龐大的成功企業，可以做一些小型公司做不到的事情。大公司可以用比較有利的條件募集資金，或積極引進新產品，任何創新發展也可以忍受多年的虧損。當然，規模也帶來一些障礙。大企業很難靜悄悄地改變，也很容易成為勞工運動或環境運動的抗議對象。還有，大型企業所背負的歷史包袱，往往驅使管理層採取防禦姿態，很難主動因應環境或市場的變動。

同理，小型公司也具備了大型企業所沒有的某些優勢。小公司可以追逐那些大公司看不上眼的賺錢機會，也更容易秘密發展新產品。小巧靈活的公司可以迅速因應顧客的需要，這是沃爾瑪之類的大企業無法做到的。企業的狀態參數突顯了沃爾瑪的規模，同時也顯示了這種狀態的優勢和劣勢。

　　投資機會太多，因此變得複雜。於是很多人不厭其煩地描述細節。其實不必這麼做。想得單純一些，運用前述六項參數來界定相關事業，就可以掌握簡潔的關鍵資訊。

　　投資領域裡有一句睿智的老話：只買你懂的。[17] 就理論上來說，這個建議很得體。可是，就實務上而言，往往不容易貫徹。人們經常誤以為，只要瞭解一項參數，就等同於瞭解所有六項參數。他們認為，其中的一部分看來沒問題，整體應該就沒問題。這個錯誤的假設，往往源自於企業的產品。

　　對公司產品的瞭解，經常引發投資點子。這是理所當然的。第一手的顧客觀點，通常是進行研究分析的有效根據。可是，瞭解產品並不等同於瞭解事業。瞭解產品只是瞭解事業的一個成分。一個角度的觀點，不能取代六個參數所界定的整體概念。

　　換言之，陳述一家公司時，對產品的瞭解可能反而成了陷阱。產品可能偽裝成公司的整體形象。這是我們應該謹慎防範的四種陷阱之一。

　　第二種陷阱是行銷訊息，也就是為了鼓舞顧客而設計的口

號，成為廣告詞的一部分。例如，沃爾瑪百貨的廣告詞是：
「省錢，讓生活更好。」（Save money. Live better.）[18]

行銷訊息是企業溝通的重要部分，往往有助於投資人界定企業的顧客和產品。可是，投資人必須認清，這些東西基本上就是口號，不該毫不思考地納入他們的理解陳述裡。

第三種陷阱是使命宣言，相當於指向內部的行銷訊息。使命宣言彰顯公司的營運目標和方向，目的在於鼓舞員工、合夥人與投資人。沃爾瑪的使命是「幫人們省錢，讓他們可以生活得更好」，[19] 這是不折不扣的內部口號。再次強調，這類溝通訊息很重要；可是，這些說辭不該直接用來陳述一家企業。

第四種陷阱是願景。有時候，企業希望擁有某些目前未擁有的特質。以克勞斯吾松（Clas Ohlson）為例，這是一家五金連鎖店，主要分布於瑞典、挪威與芬蘭等斯堪地納維亞國家。公司方面清楚強調，他們準備打開德國市場，宣布將在漢堡開設三家分店。[20] 在這種情況下，我們應該說這家公司的營運地理範圍涵蓋整個北歐嗎？還是只有斯堪地納維亞地區？

當然只有斯堪地納維亞，因為計畫可能改變，未來通常不會和預測相同。這並不是說這些企業故意欺騙或犯錯；我們只是想強調，對企業的陳述應該專注於企業現在是什麼，而不是將來可能是什麼。

有些公司由許多不同的單位構成。每個單位都可以被視為一家獨立的公司，有自己的產品、顧客、所屬產業、形式、地

理背景與狀態。碰到這類企業，我會採取以下兩種做法的其中一種。如果某個單位涵蓋了整家公司的大部分活動，我就運用前述六個參數界定這個單位。反之，如果個別單位的重要性大致相當，我就會運用六項參數分別界定每個單位。

有時候，我無論如何都無法理解某一家企業。或許企業的形式看起來錯綜複雜，目標市場不清楚，或者產品令人迷惑。遇到這種情況時，有兩種可能性。第一，這家企業根本是我不能瞭解的，其中可能涉及某些實質的困難，或需要我所不具備的專長。

第二種可能性是，某些人不想讓我瞭解。或許那是某種有瑕疵的事業模型，故意被弄得晦澀難解，讓潛在投資人誤以為這家公司高深莫測。

不論是前述哪一種可能性，我都不想涉入其中。任何投資概念如果不能被瞭解，就不適用於價值投資模型。

投資自己不瞭解的事業，最大的危險未必是賠錢，而是我們可能賺錢。為什麼？因為除非我們不久於人世，否則這就不會是我們進行的最後一筆交易。我們自然會從這筆成功的交易歸納結論，將來會傾向於選擇類似的機會。可是，如果我們從來沒有真正瞭解相關事業，自然就不知道所謂的「類似」究竟是什麼。你的利潤就是促成這種無知的最大危險所在。

能力範圍（circle of competence），是價值投資人之間相當普遍的概念，指的是我們能夠理解的事業範圍。[21] 這個概念往

往是不做某項投資的理由。譬如，某些生產高科技產品的企業，或隸屬於新興市場的企業，由於適用的法律規章不清楚，投資人往往不願碰觸，因為這些企業都落在投資人的能力範圍之外。這是明智的做法嗎？

或許是。可是，假設我們的能力範圍凍結在 12 歲，今天的我們能夠理解什麼呢？電動遊戲事業、巧克力製造業者，或許還有迪士尼。可是，奇異電器呢？

我們的能力範圍自然會向外拓展。我們在某些領域的專長會退化，在另一些領域的能力則會成長。如果我們真的無法瞭解某個企業，自然應該另外尋找其他目標。可是，如果這些企業只是要求我們向外拓展或延伸知識，也就是說，我們被邀請學習新知識，則我們應該掌握這類機會。不論我們最終決定是否投資該企業，我們都可能因此而擴大了自己的知識領域與能力範圍。某些現在看起來懵懵懂懂的東西，將來可能變成紮實的知識。

我們接著會提供很多新工具，讓我們不至於誤以為瞭解我們實際上不瞭解的事業。可是，即使我們需要閱讀一些陌生主題的資料，並不意味著某個概念超越我們的能力範圍。即使研究結果顯示有些東西確實超越我們的能力範圍，也未必代表我們不能從中獲得建設性的結果。我們需要時間的累積，才能精通某些事物。

摘要

根據六項參數界定事業：

❶ 產品

❷ 顧客

❸ 產業

❹ 形式

❺ 地理

❻ 狀態

不要被下列陷阱誤導：

❶ 對產品的熟悉

❷ 行銷訊息

❸ 使命宣言

❹ 企業願景

CHAPTER

6

((($)))

會計是一種語言

| 我瞭解這家公司嗎？ | → | 這家公司好嗎？ |

產品
顧客
產業
形式
地理
狀態

　　價值投資模型的第二個步驟提出了另一個根本的問題：這家公司好嗎？換言之，這家公司是否值得在某個價格買進？

　　這個問題可拆解成三個問題。第一，這家企業過去好嗎？第二，如果過去很好，將來還能繼續這麼好嗎？第三，這家企業對股東友善嗎？

　　第一個問題很容易回答，答案也很簡單，因為我們可以透過財務報表的分析，瞭解這家事業過去的表現。我們擁有紀錄。

　　處理財務報表，需要掌握會計學的語言。這點並不困難；

料理義大利燉飯應該比較困難。

從價值投資人的單純觀點檢視財務報表的性質，即使是合格的會計師也會覺得有所幫助。

財務報表是事業的定量描述。重要的財務報表有三種：損益表、現金流量表，以及資產負債表。

損益表（income statement，請參考圖 6.1）敘述企業在特定期間內（譬如一年）的營運表現。損益表有時候稱為合併營運表（consolidated statement of operations），或者 *profit and loss statement*，或簡稱為 *P&L*。

　　　營業收入
－　銷貨成本
－　營業費用
＝　營業收益

＋　非營業收益
＝　稅前息前盈餘

－　利息費用
＝　稅前盈餘

－　稅金
＝　淨利

圖 6.1　損益表的四種收益衡量標示為楷體

損益表的第一個科目是營業收入或營業額（revenue），也就是銷貨。在美國以外，營業收入也會被稱為 *turnover*。

損益表的第二個科目是銷貨成本（cost of goods sold）。這是企業創造營業收入而產生的成本。

損益表接著列示營業費用（operating expenses），這是一家企業無論**銷售什麼東西**都會產生的成本，也常稱為銷售與行政支出（selling, general and administrative expenses，簡稱 SG&A）。在美國以外，營業費用有時候又被劃分成兩個部分：銷售費用（selling expenses），以及行政費用（administrative expenses）。

營業費用不同於銷貨成本，因為營業費用並不是因為營業收入而產生的。

最後，損益表衡量收益（income）。可是，如同我們看到的，收益有各種不同的衡量。一般來說，營業收入減掉銷貨成本，再減掉營業費用，等於收益。

第二份財務報表是現金流量表（cash flow statement，請參考圖 6.2）。如同損益表，現金流量表也描述企業在一段期間內的營運狀況。這種報表衡量現金流量，也就是流入與流出的現金淨數量。現金流量有時候又稱為淨現金流量。

```
    營業現金流量
  + 投資現金流量
  + 融資現金流量
  = 淨現金流量
```

圖 6.2 現金流量表

現金流入是指流入事業的現金。現金流出則是流出事業的現金。現金流入減掉現金流出，就是淨現金流量。

現金流量表將現金流量劃分為三個類別。每個類別都有各自的現金流入、現金流出，以及淨現金流量。

第一個類別是**營業現金流量**。這是企業營運所產生的現金流量，英文稱為 *cash flow from operations*，或 *operating cash flow*，或 *cash flow from operating activities*。

我們不妨設想一家飲料批發經銷商。這家公司向製造商批貨，每瓶飲料 50 美分，沒有進行任何加工，直接以每瓶 1 美元賣給超市。在這種情況下，營業現金流量將包含該公司從超市取得的銷貨現金，以及支付給製造商的購貨現金，再加上支付給飲料收貨、分類、運貨員工的薪資。

現金流量表的第二類現金流量，是**投資現金流量**（cash flow from investments）。這部分包括公司買賣可以使用多年的機器設備所涉及的現金。這類支出稱為**資本支出**（capital expenditure），在現金流量表上顯示為**購買不動產、廠房與設備**的投資現金流出。

我們回到飲料批發經銷商的例子。假設經銷商花費 $500,000 現金購買倉庫，則投資現金流量將減少 $500,000。如果賣掉一輛運貨卡車，取得現金 $10,000，則投資現金流量將增加$10,000。

第三類現金流量，是融資現金流量（cash flow from financing）。企業向銀行融資，或發行半數股票給投資人，都會造成融資現

金流入。企業清償銀行貸款，或買回庫藏股，則會造成融資現金流出。

現金流量表可以採用直接或間接方法編製。兩者的差別只在於現金流量表最上方的三分之一，也就是營業現金流量。

直接編製法比較單純，首先處理營業現金流入，然後處理營業現金流出，最後取得營業淨現金流量。

如果採用間接的編製方法，則是從損益表上的淨利金額開始，然後進行各種必要的加、減調整，最後取得營業淨現金流量。整個調整程序相當複雜。可是，絕大多數上市公司都採用間接編製法。

現金流量表與損益表之間最大的差別，在於現金流量表採用現金收付制（cash basis），損益表則採用權責發生制（accrual basis）。

現金收付制顯得比較愚蠢，就像十字旋轉門，只考慮流入與流出企業的現金。這套制度唯一的精明之處，就是把現金分為三類。

權責發生制比較聰明，就像是聘僱了一位門房，由他判斷運送出去的貨物當中，有多少應該納入營業收入、銷貨成本有多少、如何根據員工的工作時數計算營業費用。

損益表與現金流量表都是記錄企業在某個特定期間內的行為，就像一部電影。

第三種財務報表稱為資產負債表（balance sheet，請參考

圖 6.3），這是觀察企業在某個**特定時間點**的狀況。這不是電影，而是定格快照。

資產　　＝　　負債
　　　　　　＋　股東權益

圖 6.3 資產負債表

資產負債表顯示企業所擁有的、所積欠的，以及兩者之間的差值。

企業所擁有的是資產（assets），所積欠的是負債（liabilities）。兩者之間的差值，稱為權益（equity）。企業的負債如果高於資產，則出現負數權益。

資產是企業所購買、控制，且認為有價值的物件。資產可以劃分為兩大類：流動資產與非流動資產。現金屬於流動資產。任何資產如果可以在一年內變現、使用或消耗，就屬於流動資產。

我們再次回到前文談到的飲料批發經銷商。他向製造商購買而還沒有運送到超市的飲料，就屬於流動資產。更明確地說，這些流動資產稱為存貨（inventory 或 stock-in-trade）。

非流動資產是指變現或使用期間在一年以上的資產。飲料經銷商用來運送貨物的卡車，就屬於非流動資產。

假設飲料經銷商購置一輛新的貨車，花費 $30,000 現金。在現金流量表上，投資現金流量將減少 $30,000，淨現金流量

也會減少 $30,000。至於資產負債表，現金流動資產會減少$30,000，非流動資產則增加$30,000。

假設貨車可以使用三年，而且三年之後沒有任何剩餘價值。換言之，飲料經銷商每年將使用三分之一輛貨車。這如何在帳面上處理？

經銷商在資產負債表上的貨車，每年的帳面價值（book value）將減少 $10,000。損益表上則登錄 $10,000 的營業費用。減少非流動資產的帳面價值，同時登錄為損益表上的費用，這道程序稱為提列折舊（depreciation）。

如果相關非流動資產屬於無形資產（intangible assets），則前述提列折舊的程序被稱為攤銷（amortization）。專利與商標都屬於無形的非流動資產。

某些有形的非流動資產並不會因為時間而減損價值，這類資產則不需要提列折舊；土地就是最典型的例子。

購置非流動資產，等同於資本支出。

在某些情況下，企業購置的資產雖然可以使用多年，但這些資產並不會被資本化（capitalize）。換言之，這些資產的全部價格，在購置當時就全部視為當期的營業費用。舉例來說，企業花費 $8 購置一台削鉛筆機，這項資產雖然可以使用多年，但金額實在微不足道，不值得花功夫分期攤提折舊，直接全部視為當期費用。換言之，這筆花費不重要。

從另一個角度來說，由於削鉛筆機屬於無關緊要的資產，

所以一次性攤提所有的折舊。

資產負債表的第二部分是負債。企業向銀行取得的借款，就是負債，因為將來必須償還。另外，經銷商取得製造商的飲料，如果尚未交付貨款，所積欠的貨款也是負債。更明確地說，這類負債稱為應付帳款（account payable）。

資產負債表的第三部分是權益。權益有時候又稱為股東權益（shareholders' equity）、業主權益（owners' equity）、淨資產（net assets），或帳面價值（book value）。權益等於資產減去負債。

資產負債表列示資產、負債與權益之後，還有最後一個項目，稱為負債與權益。這個項目並沒有提供新資訊，只是證明負債加上權益等於資產。這個項目也經常被稱為總負債與股東權益。

讓我們再談談無形資產。除了專利和商標之外，還有另一種無形資產稱為商譽（goodwill）。

商譽很容易理解。假定 B 公司資產負債表上的權益為 $1,000,000。A 公司花費 $1,500,000 併購 B 公司。併購交易完成之後，A 公司資產負債表上的商譽立即增加 $500,000。換言之，商譽等於併購價格超過權益的部分。

資產負債表上的三個項目，陳列順序往往不同。在美國，負債陳列在權益之前，某些國家的做法則相反。可是，資產負債表中三大項目的內容基本上則相同。

一般而言，企業損益表上的收益如果呈現正數，就是賺錢。收益如果沒有透過股利形式分配給股東，反而保留在企業內，則淨值將增加相等的數額。保留在企業內的收益，稱為保留盈餘（retained earnings）。

　　美國的財務報表是根據美國一般公認會計原則（generally accepted accounting principles，簡稱 GAAP）編製。其他國家的財務報表，則大多數根據國際財務報告準則（international financial reporting standards，簡稱 IFRS）編製。這兩種原則雖然不同，但不至於困擾價值投資人。

　　以利息付款為例，這是現金流出的一種。根據美國 GAAP，利息費用視為**營業現金流出**；但是，IFRS 則視之為**融資現金流出**。[1] 後續的討論將突顯這個差異的重要性。可是，就像 GAAP 與 IFRS 之間的其他差異，這些都是可以處理的。

　　前述利息付款的例子，突顯了會計處理方式的怪異現象。利息付款是什麼呢？那是針對借款所支付的費用。利息有時候支付給銀行，有些時候則支付給債權持有人。不論哪一種情況，利息都是支付給為企業提供融資的個體。

　　當然，融資屬於企業資本結構的一部分。利息費用因為融資決策而產生。所以，這應該屬於融資現金流出。既然如此，根據美國 GAAP，利息付款為何被歸類為營業現金流出呢？

　　這個問題沒有完全令人滿意的答案。有時候，企業因為延遲付款，供應商可能收取貨款的利息費用。這類利息費用看似

真實的營業現金流出，因為這些利息來自正常營業中的購買行為。可是，相較於融資債務的利息費用，這類利息付款的金額相對微小。既然如此，美國 GAAP 為何還要如此規定呢？想要瞭解這一點，讓我們再看另一個譬喻。

英語的形容詞通常都擺在名詞前面，所以我們說**白色的房子**（white house）；但西班牙文剛好相反，形容詞擺在名詞後面，所以我們說**房子白色的**（casa blanca）。

西班牙文難道**錯**了嗎？

當然不是。將形容詞擺在名詞的後面，只是西班牙文的習慣。這是標準。換言之，如果我們說西班牙文違反語言的法則，那是毫無意義的。

會計也是如此。美國 GAAP 與 IFRS 就是兩套標準。許多混淆源自於人們以為存在一個神聖不可侵犯的會計法則。可是，這種東西實際上並不存在。

當然，會計並不是任意的。舉例來說，折舊反映某些東西隨著時間經過而耗損。會計是人類為了衡量商業現實而提供的解決方法，但畢竟不可能滴水不漏。會計只是根據人們同意的一組法則，運用數字描述商業活動。

這種說法或許無法令人滿意。如果認為會計的規定理當比科學更嚴謹，這似乎是個徹底空洞的觀念。如果在馬德里詢問 *blanca casa* 的方向，你可能會迷路；同樣的，堅持會計程序必須完全符合邏輯，只會徒增困擾。

或許應該把會計視為某種古怪的語言，而實際上也是如此；然後，專注於比這些東西遠遠更有趣的價值投資。

摘要

價值投資人必須精通三種財務報表：

❶ 損益表

❷ 現金流量表

❸ 資產負債表

個案研究

LinkedIn 公司

　　LinkedIn 是一家以職業為導向的社群網站，公司總部設立在美國舊金山，2011 年開始公開上市。該公司在 2015 年申報的 10-K 文件，顯示了相當具代表性的複雜財務報表。瀏覽文件中的損益表、現金流量表和資產負債表，就可以發現會計概念的重要性：

http://www.goodstockscheap.com/6.1.htm

　　LinkedIn 公司的損益表在以上檔案中的第 73 頁，名稱是「合併營運報表」（consolidated statement of operations），這也是損益表常用的另一種名詞。「合併」意指 LinkedIn 所有附屬機構的營運都包含其中。這種情況相當正常。

　　損益表的第一個項目是淨營業收入（net revenue），這等同於營業收入（revenue）或營業額（turnover）。2015 年的數據是 $2,990,911,000。

　　當然，營業收入的數據看起來少了三個零。這是因為損益表的標題註明，所有數據的單位是 1,000，除了股數。所以，全部數據都必須加三個零。

淨營業收入（net revenue）的「淨」（net）代表兩件事。第一，該數據不含營業稅（sales tax），因為稅金很快就要交給政府機關。這些稅金只是經過公司，就像經過某個地方轉機的旅客一樣。第二，該數據包含將來可能會發生的退款，這些都顯示在第 81 頁的「合併金融報表附註」（notes to consolidated financial statements）。

　　銷貨成本在這裡稱為營收成本（cost of revenue），並且在括號中註明不含下列另外顯示的折舊與攤銷。為什麼要在括弧內另外說明呢？折舊與攤銷是營業費用（operating expenses）的正常科目，通常不包含在銷貨成本之中。

　　我們經常會看到這類額外的說明，習慣就好，沒什麼大問題的。總之，該公司 2015 年的銷貨成本是 $418,858,000。

　　營業費用並沒有清楚表示，而是分割為四個費用科目：行銷、產品開發、一般管理費用，以及折舊與攤銷費用。我們可以從名稱得知，這些顯然都是營業費用，而不是銷貨成本。任何期間內，公司無論銷售什麼東西，都必定會產生這些營業費用。就 2015 年來說，營業費用總計為 $2,722,995,000。

　　公司的損益表沒有採用單一項目清楚列示全部的營業費用，這並不意外。財務報表的內容呈現永遠不會完全符合預期。異常就是正常。如果早有準備，就很容易接受。

　　營業收入減掉銷貨成本與營業費用之後，結果是負 $150,942,000。這是第一種收益衡量：營業收益（operating income）。LinkedIn 稱此為「income (loss) from operations」，顯然就是營業收益，也就是 $2,990,911,000 減掉 $418,858,000，再減掉$2,722,995,000。

損益表有時候還會顯示非營業收益（non-operating income）。這是來自公司非經常性或非核心活動的盈虧，譬如匯兌盈虧。營業收益加上非營業收益，結果將產生第二種收益衡量：稅前息前盈餘（earnings before interest and taxes，簡稱 EBIT）。

LinkedIn 沒有以獨立的科目顯示非營業收益。可是，有個部分稱為其他收益（費用）淨額（other income [expense], net），包含三個項目。其中兩項看起來像是非營業收益。第一項是利息收益（interest income），金額為 $10,571,000；第二項則是其他淨額（other, net），金額為負 $23,477,000。所以，LinkedIn 的 EBIT 等於負 $163,848,000，也就是負$150,942,000 加上$10,571,000，再加上負$23,477,000。

這部分的另一個項目，是利息費用（interest expense）。2015 年的數據為負 $50,882,000。EBIT 減掉利息費用，結果是第三種收益衡量：稅前盈餘（earnings before taxes），也就是負 $163,848,000 加上負 $50,882,000，等於負$214,730,000。

這份損益表還有最後一個項目：稅金。LinkedIn 稱此為備付所得稅（稅務利益）（provision [benefit] for income taxes）。2015 年的金額是負 $49,969,000。這是負數的費用。

換言之，該公司在 2015 年得到某種稅務利益。稅前盈餘減掉這部分金額，結果是最後一種收益衡量：淨利（net income）。LinkedIn 稱此為歸屬普通股股東的淨利（損失）（net income [loss] attributable to common stockholders）。2015 年的金額是負 $164,761,000。換言之，該公司虧損 $164,761,000。

　　LinkedIn 的現金流量表在第 76 頁，也是一份可以解讀的報表。LinkedIn 稱此為合併現金流量報表（consolidated statements of cash flows）。

　　首先必須注意的是，這份報表是以間接方法編製。報表第一部分，即營業活動（operating activities）的格式，便是以這種方式來編製。現金流量表從淨利開始，然後進行一系列的調整，最後取得所謂的營業活動淨現金（net cash provided by operating activities）。這也就是營業淨現金流量，2015 年的數據是 $806,975,000。

　　現金流量表的第二部分是投資活動（investing activities）。其中第一個項目是購置財產與設備（purchases of property and equipment），這屬於資本支出，2015 年的數據為負 $507,246,000。同樣的，括弧代表負數。可是，像這樣跟購置支出有關的項目以負數呈現，是否意味著「負負得正」？這表示該公司取得 $507,246,000 嗎？

　　不是，這又突顯了會計的慣例：這個部分的負數，早已被默認為代表金錢流出或成本。有時候，情況則相反，沒有括弧

的數據才是代表金錢流出或成本；不管哪一種情況，都可能沒有額外說明。所以，會計程序似乎毫無標準可言。然而，儘管不一致，卻不至於難以應對。

這部分的最後一個項目是投資活動使用的淨現金（net cash used in investing activities），也就是投資活動淨現金，2015 年的數據是負 $792,077,000。換言之，LinkedIn 公司 2015 年的投資活動淨現金流出為 $792,077,000。

LinkedIn 的資產負債表在第 72 頁。資產，或是 LinkedIn 公司所稱的總資產（total assets），其 2015 的數值為 $7,011,199,000。其次是負債，LinkedIn 稱為總負債（total liabilities），金額為 $2,515,746,000。因此，我們期待權益應該等於 $4,495,453,000，也就是資產減去負債。可是，報表裡稱為總股東權益（total stockholders' equity）的金額卻只有 $4,468,643,000。為什麼？

資產負債表上的股東權益數據，比我們所預期的數據，少了 $26,810,000。這個數據剛好也就是資產負債表上的另一個項目：可贖回非控股股權（redeemable noncontrolling interest）。這是什麼呢？

10-K 文件並沒有說明。可是，實際上也不必說明。讀者只需要知道，這個數字導致股東權益減少。

我們稍後將會發現，股東權益是個好東西，數值愈高愈好。可是，機智的投資人如果想買進，態度應該保守。單就這

個原則來說，數值較小的股東權益，也就是 $4,468,643,000，實際上是更有用的數據。[2]

前一年的 10-K 文件其實曾經提到這個可贖回非控股股權。這是 LinkedIn 在中國的營運，由少數合夥人擁有的股權，[3] 也就是不屬於 LinkedIn 股東們的股權。

LinkedIn 公司的財務報表並不容易解讀，需要詮釋、計算、假設。

可是，情況總是如此。每家公司的財務報表，表達方式往往有所不同。即使在相同的國家、相同的產業、相同的年份，報表的處理方式也可能不同。投資人需要有這方面的心理準備，見怪不怪；對於會計這一門「語言」，我們的能力將在這千百次的考驗中變得愈來愈純熟。每一次閱讀財務報表，都會讓你的技巧更加靈活，直到習慣成自然。

◆ ◆ ◆

CHAPTER

7

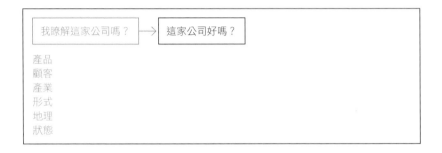

運用資本

我瞭解這家公司嗎？ →	這家公司好嗎？
產品 顧客 產業 形式 地理 狀態	

　　純熟的會計語言技巧，能夠讓財務報表透露玄機。更明確地說，我們可以讓財務報表吐露六項關鍵數據。這些數據可以用來計算績效衡量。藉由各項績效衡量，我們可以判斷相關事業過去是不是好公司。

　　運用資本（capital employed）就是關鍵數據之一。運用資本是公司的所需財務基礎。這是公司維繫營運水準所必要的資源。

　　我經常從美國加州的帕羅奧圖，往南開車到聖塔芭芭拉，可能已經有 50 趟了。每次開車到路途中的某個點，心中就不

免琢磨著：南加州究竟從什麼地方開始？

北加州與南加州之間，並沒有明確的界線。所以，答案基本上全憑個人解釋。

有些人說是聖路易奧比斯波（San Luis Obispo），因為空氣中的味道就在這裡開始從農場轉變為海洋。另一些人認為界線就在聖塔芭芭拉，因為從這裡開始，沙灘排球顯然取代了山區越野單車，成為熱門運動。還有一些人的看法更極端，他們認為帕羅奧圖實際上就在南加州，因為這裡已經距離北邊的奧勒岡州界 400 英里。定義往往都是主觀的，但對每個人來說，答案卻總是如此理所當然。

運用資本也是這樣，每個價值投資人都有各自的主觀定義，而且大家都堅信自己的觀點。可是，重點不在於任何個人的解釋方法，而在於全面思考這個概念。經紀商帳戶的持有者，甚至只有少數人曾經聽過所謂的運用資本。運用資本的估計將為分析程序帶來優勢。

運用資本如何衡量呢？我從總資產開始，然後減掉超額現金，再減掉不付利息的流動負債。這些數據都來自資產負債表。

不妨設想我們經營一家腳踏車出租公司。這個事業非常單純：出租一輛腳踏車。假設這輛腳踏車的成本是 $1,000，而且沒有任何其他創業資本。所以，為了經營這家事業而必須投資的資本金額是 $1,000。一旦買下這輛腳踏車，就可以開始經營

出租事業。

這 $1,000 將留存在事業之內，而且現在已經具體化為一輛腳踏車，如果這筆錢消失，出租事業也就結束了，因為再也沒有東西可供出租。所以，這 $1,000 是這家事業成立當初的運用資本。

請注意，資本融資類型並不重要，可以是債務，也可以是股票。企業如果借取 $1,000，運用資本是 $1,000。企業如果銷售新股票而募集 $1,000，運用資本也是 $1,000。運用資本無視於融資型態。

現在，假設最初募集的資本不是 $1,000，而是 $1,500。其他情況則維持相同。腳踏車的購置成本是 $1,000，出租事業的營運規模與前一個例子相同。額外募集的 $500 就擺在那裡。

這 $500 是**超額**資金，並沒有留存在事業內。所以，這筆資金並不是運用資本的一部分。那是資本，但不是運用資本。理想而言，這筆資金應該被扣除。

問題是，我們非常難以辨識超額現金。設想我們收到這家初創腳踏車出租事業的資產負債表。這 $500 會不會明顯標明為超額現金呢？或許很明顯——如果我們假定所有的現金都是超額現金；我們或許可以推論，這筆現金如果真的有用途，早就應該購置某種東西了。

可是，我們怎麼知道這 $500 明天沒有用呢？說不定腳踏車會爆胎？

現在考慮更棘手的可能性。假設這 $500 並不是閒置在那裡，而是用來買了一台離心機。換言之，我們購置某種和腳踏車出租業務全然無關的物品。事實上，這台離心機就如同超額現金一樣閒置。所以，我們應該扣減的，不只是超額現金，而是所有的超額資產。可是，想要根據資產負債表判斷哪一些資產是事業營運所不必要的，恐怕不太容易。

如果把腳踏車出租事業放大成大型上市公司，我們不難想像情況會變得多麼不精確。企業營運究竟需要多少現金？

回答這個問題的最普遍方法之一，就是預先設定營業收入的某個百分率，作為企業所需要的現金。這個方法的倡導者似乎都擁有各自認為適當的百分率，而且運用於所有類型的事業。譬如，有人認為適當的比率是 5%。根據這種邏輯，如果某家企業的年度營業收入是 $1,000,000,000，持有的現金餘額為 $100,000,000，則超額現金就是 $50,000,000。

這顯然太荒謬了。這個例子突顯了金融界的某種傾向：因為渴望確定性而盲目擁抱死板的公式。

不同的企業，情況各自不同。一家企業手頭上需要擁有多少現金，完全取決於經營模式，包括顧客付款與供應商要求付款的速度。以同一個百分率套用至所有企業，就像午餐不論吃什麼，都一律使用湯匙。

這種情況的確沒有完美的解決方法；然而，在沒有明確指引的情況下，不妨計算兩個不同版本的運用資本：扣除所有現

金的版本，以及不扣除任何現金的版本。稍後，當我們開始計算績效衡量時，就能體會這種做法的務實。

除了扣減超額現金之外，我的運用資本計算公式也扣減不付息的流動負債。這包括應付帳款（accounts payable）、遞延收益（deferred income）與應計費用（accrued expenses）。這些數據經常都清楚顯示於資產負債表。

應付帳款是企業積欠供應商的貨款。遞延收益是企業預收顧客價款而未交貨的金額。應計費用是指特定期間內應付而未付的費用，譬如薪資。請注意，這些都是很快就必須清償的債務。這些金額不該留存於企業之內，因為現金很快就會流出。

為什麼要強調不付利息呢？為了要把融資債務保留在運用資本的計算之內。當企業借取資金，期限通常超過一年。就資產負債表來說，這類貸款被歸類到非流動負債，有時候稱為長期負債。所以，這些債務自然應該納入運用資本的計算。

可是，當這些債務接近到期時，就會被分批歸入流動負債。這些債務的基本性質並沒有變動，但隨著時間經過，會被歸入另一種負債類別。這些負債現在必須在短期內清償。由於這是貸款，公司必須支付利息。所以，計算中的「不付利息」類別讓這些貸款明確隸屬於運用資本。

有些投資人不僅從總資產之中扣除超額現金和不付利息的流動負債，還會扣除商譽（goodwill）。前文說過，當某家企業併購另一家企業，商譽就是所支付價款超過帳面價值的部分。

這是運用資本的一部分嗎？

不一定。我們看看位於美國舊金山附近的網路設備公司思科系統（Cisco Systems）。該公司在 2014 年進行了 8 筆併購交易，[1]2013 年有 13 筆，[2]2012 年則有 7 筆。[3] 併購顯然是該公司經常從事的活動。

2014 年，思科的商譽增加 $23 億，幾乎占了年底總資產的四分之一。[4] 對思科而言，商譽似乎就像資本支出般，是一種持續性的重要存在。為了資本支出而融資的資金，顯然應該被視為運用資本。商譽或許也是這樣。

嚴謹的投資人會判斷是否應該扣除商譽。對我來說，關鍵在於商譽增加的頻率。企業從事併購活動的頻率愈高，就愈不應該扣除商譽。我通常不會扣除。

我計算運用資本的公式，秉持著一項明確的觀點：除非存在相反證據，否則企業持有的所有資產，都是企業維持經營而需要的資產。我從最大的數值，也就是總資產開始，然後選擇性地剔除某些部分。只有企業維持營運所確定不需要的部分，才被扣除。

有時候，計算運用資本還需要加上某些科目。企業的負債如果沒有列入資產負債表，就可能發生這種情況。換言之，那是真實的債務，但沒有入帳。

讓我們再回頭看看腳踏車出租事業的例子。假設所有的創業資本 $1,000 都是借來的，完全是債務。這些資金完全用來

購置腳踏車。創業的第一天，銀行帳戶餘額為零，腳踏車已經可供出租，運用資本為 $1,000。

現在，我們考慮另一種全然不同的情況。假設這家事業沒有購置腳踏車，而是透過租賃取得腳踏車。這事業沒有必要透過舉債或其他方式募集資本，因為創業不需要 $1,000。反之，這家事業同意向某家租賃公司承租一輛腳踏車，期間為 10 年。每年的年底，該事業同意支付一筆預定的租金給租賃公司，這些資金來自該公司向顧客收取的腳踏車租金。所以，創業第一天，銀行帳戶餘額為零，腳踏車已經可供出租，運用資本為零。

前述的兩種情況下，事業都承擔了債務責任。可是，只有在第一種情況，債務才被認定為運用資本。至於第二種情況，該事業看起來似乎不需要任何財務基礎。某種調整可以糾正這方面的誤解。

會計以兩種方式處理租賃。第一種稱為營業租賃（operating lease）。就前述的腳踏車例子來說，租賃費用到期時，將認列於損益表。支付費用時，現金流量表認列營業現金流出。可是，帳面上的處理僅僅如此，所有科目都不會顯示在資產負債表。基於這個緣故，營業租賃屬於資產負債表外的項目。

另一種方式是資本租賃（capital lease）。企業的財務報表將租賃設備視為舉債購置資產。所以，設備將認列於資產負債

表，租賃完全視同債務。

資本租賃的處理方式將租賃設備認列於資產負債表，資產與負債同時增加相同金額；這種做法迫使任何衡量方式的運用資本都必須納入租賃設備，因為該資產屬於總資產的一部分。

某一項特定的租賃應該屬於營業或資本性質，美國 GAAP 有相當明確的規定。承租者如果承擔相關設備的大部分風險，並享有大部分效益，則屬於資本租賃。更明確地說，如果下列四個條件之中的任何一項成立，就被視為資本租賃：一、租賃期間結束，所有權轉移到承租者；二、承租者有權利低價購置相關設備；三、租賃期間至少占據相關設備預估使用期限的四分之三；四、最低租賃付款的現值，至少是相關設備合理價值的九成。

前述四個條件當中，只要一項成立，相關設備自然就被納入運用資本的計算。

IFRS 雖然沒有明確的規定，但處理原則類似：承租者如果承擔相關設備的絕大部分風險與報酬，則屬於資本租賃。在美國以外許多採用 IFRS 的國家，資本租賃稱為融資租賃（finance lease）。

真正的挑戰在於，有時候會計原則認定為營業租賃，投資人卻認定為資本租賃。針對這種情況，解決方法是把營業租賃資本化而向上調整運用資本。

營業租賃資本化的程序，就像自己榨取橙汁，需要花點工

夫，但這種技巧值得磨練。許多優秀的投資人堅持所有的營業租賃都應該資本化。投資人不應該因為資本化程序困難而不這麼做。我們稍後會說明這個程序。現在，我們先探討一個稍早提及的名詞：現值。

對於持有債務的企業來說，一年後必須清償的 $1，價值超過目前必須清償的 $1。這個結論可以從兩方面來看。第一，一年後必須清償的 $1，可以先投資 12 個月，而目前必須清償的$1 則不行。舉例來說，把$1 存放於銀行，能夠賺取些許利息。

第二，由於通貨膨脹的緣故，一年後必須清償的 $1，未來價值少於目前的 $1。金錢的購買力會隨著時間降低，例如 1979 年只要花 $1.25 就能買到巴波亞雪糕。過了幾年，同樣的$1 將變得比較不值錢。

現值的概念，就奠基於前述兩個事實。未來的某個金額，其目前價值（現值）等於該金額按照一定的利率折算到目前的價值。這是一種定量估計程序。

舉例來說，一年之後的 $100，如果按照 10% 利率折算，現值是 $90.91。電腦試算表程式讓這項運算更方便；不論是微軟 Excel、Google Sheets 或 Apache OpenOffice，都有內建的函數，稱為 NPV。只要輸入名目金額 $100、折現率 10%、期限 1 年，則 NPV 函數將產生現值$90.91。

10% 的折現率從何而來？並沒有什麼特定來源。就營業

租賃的資本化程序來說，這個折現率應該等於該公司融資購置相關設備所適用的利率。我們知道，企業的 10-K 文件通常有助於估計這項利率。可是，那畢竟只是猜測。

尋求精準的折現率，是矯枉過正的程序；即使計算出精確的數值，也未必就是準確的折現率。

我偏好採用直接了當的方法，排除一切尋求確定性的幻想。簡而言之，假設你根據特定的折現率估計而發現某個看似不錯的投資機會，但折現率只要移動 100 個基點，相同的投資機會就變得很糟糕，那麼這就稱不上是一個好機會。一個理想的買進機會，在所有的假設之下，應該都可以發光發熱。

現值對於營業租賃的資本化程序非常重要，因為現值會決定資產負債表上登錄的負債與資產金額。

營業租賃一旦資本化，所有三份財務報表都會受到影響；更明確地說，將會發生六件事情。關於這當中的每一件事情，只要我們將租賃設備假裝成融資購置，就不難理解個中道理。

第一，損益表上的租賃費用將被加回去（換言之，當作沒有發生）。第二，現金流量表上的租賃付款將被加回去（換言之，當作沒有發生）。第三，資產負債表的負債將增加，與資產對應。第四，損益表將發生利息費用。第五，現金流量表將發生利息付款的現金流出。第六，損益表將提列租賃資產的折舊費用。

以上簡單敘述的六個步驟，有助於瞭解營業租賃資本化的

意義。我們稍後會詳細說明每一個步驟。現在必須先留意的是，真正影響運用資本的部分是第三步驟。這個步驟會讓資產負債表恢復應該有的規模。

資產負債表上的負債金額，以及對應的資產金額，乃是未來租賃費用流量的現值。相關計算需要兩種數據：未來的租賃費用，以及折現率。

10-K 文件顯示的未來租賃費用，通常出現在財務報表之後的表格。讀者可以搜尋「non-cancelable payments」（不可取消付款）或「lease payments」（租賃付款）。這類表格會顯示未來五年的每年租賃費用，第六項數據則顯示第六年到租賃契約期滿的全部租賃費用總和。分析者必須自行把第六項數據配置到最後期間的個別年份。

折現率是相關企業適用的融資成本。10-K 文件通常會顯示企業最近的債務利率成本。折現計算即採用這個利率。分析者可以搜尋「long-term debt」（長期債務）、「interest rate」（利率）或「senior note」（高級證券）等字眼。折現率愈高，折現值愈小。

租賃費用資本化程序背後的邏輯，是把設備出租者同時視為設備賣方與放款者。賣方提供設備，放款者則提供資金融通給企業，用以購買設備。

大型企業往往會租賃各種資產，設備只是其中之一。舉例來說，航空公司經常會承作飛機的營業租賃。房地產公司也是

如此。零售業者經常與房東共同設計某種契約，勉強得以採用營業租賃會計。不論是哪一種資產，營業租賃都相當全面地遮掩企業負債。

除了營業租賃資本化，還有其他操作也可能有助於進行更適當的運用資本計算。舉例來說，調整不注資退休金計畫（unfunded pension plan），也可以進一步膨脹資產負債表。可是，到了某種程度，進行更深入分析所花費的成本，可能會超過因此得到較佳決策的可能性。這個臨界點只能憑藉經驗辨識。

關於企業所需的財務基礎，運用資本只是其中一種概念化的方式；另一種方式則是投入資本（invested capital）。從某些計算公式看來，投入資本也就是運用資本。可是，這兩種概念背後的意義並不同。

投入資本是期待取得財務報酬的當事人投入企業的總資金。股東們期待取得財務報酬。債券持有人也是。可是，供應商，譬如只希望取得付款的房東，則沒有這種期待。他們除了期待收到租金，並不期待得到利息、股利、資本升值。他們不認為自己是企業的投資人，不同於股東與債務持有人。

以投入資本的概念衡量企業所需的財務基礎，採用的是另一種不同的數學方法。計算投入資本時，分析者加總任何期待財務報酬的當事人提供給企業的總資本。原則上，就是股東權益加上融資債務。

可是，這種加法的計算方式，缺乏之前利用減法計算運用資本的效益。從總資產開始，然後減掉顯然不屬於運用資本的項目，這麼做可以避免低估企業所需的財務基礎。稍後，當我們開始討論如何計算績效衡量時，減法程序可以降低我們把玻璃看成鑽石的風險。

摘要

❶ 運用資本是衡量企業所需財務基礎的方法之一。

❷ 運用資本是總資產減掉超額現金，再減掉不付息流動負債，可能再減掉商譽。

❸ 總資產可能包括資本化的營業租賃。

❹ 營業租賃資本化將導致所有三種財務報表發生變動。

❺ 思考企業所需的財務基礎，比追求精確衡量更重要。

（個案研究）

蓋璞公司

蓋璞（Gap, Inc.）是一家美國服飾連鎖店。根據該公司
2015 年的 10-K 文件估計運用資本，程序相當具有挑戰性：

http://www.goodstockscheap.com/7.1.htm

資產負債表列示於第 34 頁。我們首先尋找的數據是總資
產（total assets）。2016 年 1 月 30 日，也就是 2015 年會計年
度的最後一天，這項數據是 $7,473,000,000。

其次，我們要尋找的科目是現金。蓋璞資產負債表採用的
名詞是現金與約當現金（cash and cash equivalents）。所謂的
約當現金，是指三個月之內可以變現的高級證券，例如美國財
政部發行的國庫券。就我們的目的來說，約當現金的用途與現
金相同。總之，2015 年會計年度結束當時，現金總額為
$1,370,000,000。

這些現金之中，有多少是超額的？10 億以上的現金，聽
起來似乎很多。可是實際情況往往很難說。稍後，我們將利用
這個數額來計算兩個版本的運用資本：扣掉所有現金的版本，
以及不扣除任何現金的版本。

下一步是觀察流動負債的部分，看看哪些科目應該被扣減。這部分包含四個項目。第一是一年內到期債務（current maturities of debt）。我們看到「到期」與「債務」，就知道這兩個名詞都意味著付息負債。這是積欠放款者的一部分金額。在去年的資產負債表，這些金額原本屬於長期負債的一部分。無論是當時或現在，這都是企業資本結構的一部分，所以，繼續保留。

　　第二項科目是應付帳款（account payable），這是最典型的不付息流動負債，金額為 $1,112,000,000。這部分應該扣減。

　　接著是應計費用與其他流動負債（accrued expenses and other current liabilities）。所謂「其他」是什麼？沒有註腳提供任何說明。可是，在這份文件裡搜尋這個科目，第八筆搜尋結果出現在一份表格裡，這個科目被分解為四個成分；請參考第48頁。

　　第一個成分是「未贖回禮物卡、禮券，以及幸運憑證；破損淨額」（unredeemed gift cards, gift certificates, and credit vouchers, net of breakage）。我們知道，有些人取得了蓋璞的生日禮券等，卻始終沒有使用。這些金額將來可能不會被結算。我沒有扣減。

　　第二個成分是「應計薪酬與津貼」（accrued compensation and benefits）。這個項目像是尚未到達發薪日之前所積欠的員

工薪資，所以要扣減；金額為 $230,000,000。

接著是「短期遞延資金與租戶津貼」（short-term deferred rent and tenant allowances）。這顯然是和房地產有關的負債。我們不確定明年是否會繼續存在。所以，保留。

第四個成分「其他」（others）的內容不清楚。我們的原則是，除非證明可扣減，否則保留；所以，我們保留這一項。

資產負債表的流動負債第四個項目，也是最後一項，是「應付所得稅」（income taxes payable）；金額是 $23,000,000。應該扣減這一筆嗎？

大企業究竟積欠多少應付的稅款，這是個經常引起爭論的議題，而且可能耗時多年而不能解決。因此，積欠稅款可以被視為政府稅捐機關提供的放款，就像銀行提供的信用額度一樣。所以，所得稅負債可以視為公司的部分資本，運用資本的計算不必扣減。

可是，「應付」（payable）一詞似乎意味著已經決定。換言之，相關討論已經結束，這筆金額已經確定需要支付。在這種情況下，$23,000,000 自然應該扣減。

有些人可能完全不多做考慮，凡是不付息的流動負債就直接扣減。這也是可行的辦法，但我則寧可深入檢視，避免低估企業所需的財務基礎，同時也增進對企業的瞭解。

現在，我們總算可以開始計算蓋璞的運用資本。公司總資產為 $7,473,000,000，減掉應付帳款 $1,112,000,000，減掉應計

薪酬與津貼 $230,000,000，減掉應付所得稅$23,000,000。所以，包含現金在內，運用資本為$6,108,000,000。

如果扣減現金 $1,370,000,000，結果將是 $4,738,000,000。這是假定蓋璞完全不需要現金的情況下，公司所運用的資本。

蓋璞是典型的零售業者，應該涉及很多營業租賃。搜尋「capital lease」（資本租賃），找不到任何結果。可是，搜尋「operating lease」（營業租賃），則有七項結果。最值得參考的資訊是第 61 頁的附註 11（note 11），該處說明顯示：「我們的多數店面透過租賃取得，某些辦公地點與批發中心也是如此。這些營業租賃……」

所以，該公司的所有租賃，都歸於營業租賃。完全沒有資本租賃。

附註 11 提供的資料，使營業租賃的資本化程序變得相對單純。各年度的租賃費用分別為：2016 年的 $1,135,000,000，2017 年的 $1,098,000,000，2018 年的 $946,000,000，2019 年的$821,000,000，2020 年的$682,000,000。將這些資料輸入試算表。

附註也顯示，蓋璞從 2021 年到 2032 年的租賃費用總計為$2,118,000,000。這段期間總共 12 年，如果平均分配，$2,118,000,000 除以 12，結果是 $176,500,000。這相當於是 12 年期間每年平均分攤的營業租賃。

可是，請注意，從 2016 年到 2020 年之間，營業租賃金額

逐年遞減。我們或許應該讓這種趨勢繼續延伸。所以，我假設 2021 年的營業租賃為 $500,000,000，2022 年為 $400,000,000，2023 年為 $300,000,000，2024 年為$200,000,000。

12 年的總計金額為 $2,118,000,000，扣減前述假設 2021 年到 2024 年的營業租賃金額，餘額將是 $718,000,000。這筆金額相對較小，不妨平均分攤到剩餘的 8 年期間。$718,000,000 除以 8，結果是 $89,750,000。換言之，由 2025 年到 2032 年，每年的營業租賃估計為$89,750,000。

把 2021 年到 2032 年的數據也全部輸入試算表。

附帶說明，2016 年到 2020 年之間，營業租賃費用逐年下降，並不代表蓋璞的營業狀況萎縮。這些租賃費用只是該公司在 2015 年會計年度底已經簽約承諾支付的租賃費用。關於未來期間的營業租賃，蓋璞還大有時間簽訂新的租賃契約。

至於折現率，我們不妨搜尋「long-term debt」（長期負債）一詞。第九筆結果是第 50 頁的附註 4（note 4）。這裡詳細列舉三筆借款：第一筆是 2021 年 4 月份到期的中期債券，金額 $1,250,000,000。蓋璞支付的票息利率顯然是 5.95%。這個數值可以被視為折現率；但透過網路搜尋即可發現，這筆中期債券的發行時間是 2011 年 4 月。[5] 這筆債券發行之後，市場利率明顯走低，所以這個參考利率有些過時。

另一個參考對象，是 2014 年 1 月份的 150 億日圓貸款。貸款採用浮動利率，2015 年的利率在 1% 左右。這個資料點的

發生時間，比較具有參考價值。可是，蓋璞的大部分租賃不動產都在美國境內，所以應該以美元計值，不是日圓。1% 的利率可能蘊含某種程度的匯兌成本。

最後一個參考資料，是 2015 年 10 月份的貸款 $400,000,000。浮動利率也大概是 1%。不幸的是，這筆貸款的到期時間為 2016 年 10 月，所以屬於短期貸款，不適合用來估計蓋璞購買房地產的貸款利率。

所以，我們找不到完美的參考資料。可是，完美的資料本來就不存在。我的估計水準為 4%，大概介於 2021 年 4 月份債券與日圓貸款利率之間。

按照折現率 4%，計算 17 年營業租賃費用流量的現值為 $5,693,244,523（下列連結，下載 excel 檔案）。這個金額同時加到負債與資產：

http://www.goodstockscheap.com/7.2.xlsx

所以，蓋璞的運用資本（包含現金）為 $11,801,244,523。這是先前計算的運用資本（包含現金）數據 $6,108,000,000，加上營業租賃資本化現值 $5,693,244,523。

至於不包含現金的運用資本，數值為 $10,431,244,523。這是先前計算的運用資本（不包含現金）數據 $4,738,000,000，加上營業租賃資本化現值 $5,693,244,523。

請注意，營業租賃資本化造成顯著的差異。包含現金在內的運用資本幾乎因此倍增。如果不包含現金，運用資金將因為營業租賃資本化而增加一倍以上。就零售業者來說，這種情況沒有什麼不尋常。

　　美國企業的營業租賃資本化程序比較容易進行，因為美國證管會要求披露更詳細的資訊。[6] 其他國家規定的相關資訊披露可能比較少。舉例來說，許多國家允許企業籠統計算未來二至五年期間的租賃費用。[7] 不妨看看蓋璞的競爭對手 H&M，這是一家瑞典的零售業者，該公司披露的未來房地產承諾資訊相對有限。[8] 投資人因此被迫做更多的猜測。

　　關於蓋璞公司的運用資本，我們的計算結果並非堅若磐石。首先，這個數據僅適用於某一天：2016 年 1 月 30 日。這一天也就是資產負債表的日期。事實上，這個數據僅適用於當天某個特定時刻：2016 年 1 月 30 日營業結束時。[9] 當天早晨的運用資本又如何呢？下個禮拜呢？我們不知道。

　　非持久性只是我們評估運用資本的限制之一。除此之外，所有相關計算乃是採用舊有成本，這些數據可能可以代表重置成本，也可能不可以。前文例子中的 $1,000 腳踏車，現在可能是 $1,100，也可能是 $900。不論運用資本或其他重要數據，計算程序涉及許多瑕疵。

　　這就是投資；偽裝為科學，實際上只不過是一門小藝術。微不足道的小藝術，就像指畫。可是，這樣就夠了，因為我們

只需要決定是否買進、賣出，或什麼都不做。

◆　◆　◆

營業收益

我瞭解這家公司嗎？ $\rightarrow$ 這家公司好嗎？

產品
顧客
產業
形式
地理
狀態

　　營業收益（operating income）是第二項關鍵數據，列示在損益表上，有時候被稱為盈餘（operating earnings）或營業利潤（operating profit）。

　　第六章概略討論了企業的損益表。這份報表從營業收入（revenue）開始，首先減掉銷貨成本（cost of goods sold），再減掉營業費用（operating expenses），結果是收益（income）。可是，如 LinkedIn 公司個案研究顯示的，收益有四種不同的衡量。重新複習相關討論，或許有助於釐清營業收益特別有用的原因。

營業收益是損益表上最重要的收益衡量。這是營業收入減掉銷貨成本，再減掉營業費用之後的數據。

接著，營業收益還要根據非營業收益（non-operating income）做調整。非營業收益是指企業從事非經常性事業活動所產生的盈虧。這些收益來自企業的周邊活動，不屬於主要業務。這類活動如果賺錢，則加入營業收益；如果虧損，則從營業收益扣減。所得到的結果就是收益的第二種衡量：稅前息前盈餘（earnings before interest and taxes，簡稱 EBIT）。

相較於營業收益，EBIT 未必能夠更精確衡量企業的收益。兩者只是不同版本的收益衡量。

針對 EBIT，我們再扣除利息費用（interest expenses）。利息不屬於營業費用，所以沒有反映在 EBIT 之內。EBIT 扣掉利息費用之後，得到的是第三種收益衡量：稅前盈餘（earnings before tax）。

稅前盈餘扣掉稅金，就是淨利（net income）。這是第四種收益衡量，有時候稱為淨盈餘（net earnings）或淨利潤（net profit），或稱為底線（the bottom line），因為已經不能再進一步扣減了。

乍看之下，淨利似乎是衡量企業獲利能力的最佳指標，因為這畢竟已經是底線了。既然如此，為什麼還要考慮營業收益呢？這是為了方便比較。關於這一點，我們先看看營業收益忽略了什麼？

首先，這項衡量忽略了非營業收益，也就是企業本身表示為非經常性的盈餘。我們的目的是衡量本業的盈餘能力，因此與本業關係不大的活動都不該被考慮。

　　營業收益也忽略了利息費用。利息費用反映的是資產負債表上的債務規模，以及企業和放款者之間所協商的融資條件。所以，利息費用實際上展現了企業的融資能力，而不只是營運能力。

　　營業收益也忽略稅金。稅金費用取決於企業設立的地點。如同前文提到的，稅金依國家、甚至公司所在的州或省而定。

　　換言之，營業收益可以讓我們跳脫企業的資本結構或適用稅制的限制，單純衡量獲利能力。

　　這一點為何有助於我們針對不同的企業進行比較？我們可以從兩方面來說。

　　第一，我們可以比較相同的企業在不同地點營運的情況。企業可能搬遷，資本結構也可能改變。原本設立在加州的公司，可能搬遷到稅率較低的德州。原本沒有負債的事業，可能決定擴張信用。經營者如果願意的話，可以改變企業的適用稅率與利息費用。可是，產業的基本經濟環境大致上是固定的。法令規章不會改變企業核心營運的獲利能力，而營業收益就是這種獲利能力的衡量。

　　第二，我們也可以在相同時間比較兩家不同的事業。有些企業採用不同的稅率或債務結構，但除此之外的其他方面頗為

類似;這類企業最適合採用營業收益進行企業之間的比較。

我們以食物零售業者 Loblaw 為例,這是加拿大規模最大的超市連鎖業者,2013 年的實際所得稅率為 26.6%。[1] 至於美國規模最大的超市連鎖業者 Kroger,2013 年的實際所得稅率則是 32.9%。[2] 兩者差異很大,加拿大與美國的稅制本來就不一樣。

如果以淨利為基礎比較 Loblaw 與 Kroger,將因為兩家企業隸屬不同的國家而扭曲結果,我們因此無法單純地視為兩家雜貨商之間的比較。可是,如果採用營業收益,情況會變得更清楚。

債務也同樣會造成影響。2013 年年底,Kroger 承擔的長期債務為 $9,654,000,000,當年的利息費用是 $443,000,000。[3] 可是,總部設立在德州的全食超市(Whole Foods Market)在 2013 年完全沒有支付利息費用。2013 年年底,該公司沒有任何融資債務。[4] 如果從淨利或稅前盈餘的立場比較這兩家事業,必定會受到前述資本結構差異的影響。我們真的想要從這種角度進行比較嗎?

不。我們對事業核心營運的瞭解將會被扭曲。再次強調,關於企業創造收益的能力,營業收益才是最適當的衡量指標。

請注意,這並不是否定企業應該支付利息和稅金的事實。我們也不認為利息和稅金費用對股東報酬沒有影響。確實有影響。可是,首先觀察企業經營本業的狀況,或許更有意義(請

參考圖 8.1）。

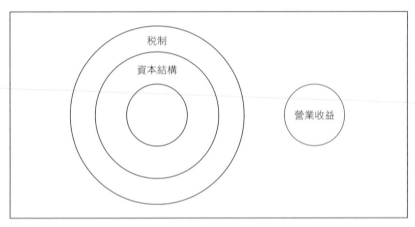

圖 8.1 營業收益可以讓我們跳脫資本結構或適用稅制的限制，單純衡量企業的獲利能力

開始計算衡量指標時，我們需要同時考慮營業收益與運用資本。某一項衡量的調整，必定會影響另一項衡量。如果營業租賃資本化為運用資本，營業收益數據也需要做對應的調整。

第一，租賃費用需要被加回去。在 10-K 文件裡，這些租賃費用列示在財務報表最後的表格內。讀者可以搜尋「lease expense」（租賃費用）或「rent expense」（租金費用）等關鍵字。

第二，新的折舊費用需要被扣減。我們知道，營業租賃資本化將讓損益表產生新的利息與折舊費用。換言之，當租賃費用被剔除，取而代之的是資本化不動產或物件的利息與折舊。事實上，一般採用的假設是，新的利息與折舊費用將等於原先

的租賃費用。換言之，淨利不會發生變化。

　　利息費用不會直接影響營業收益，因為利息費用的科目處在損益表比較接近下方的位置，只會反映在稅前盈餘與淨利，沒有顯示在營業收益之內。可是，利率是估計折舊費用的重要因素，而折舊費用會反映在營業收益之內。所以，利率的數值必須被確定。

　　當我們對運用資本進行調整時，必須估計企業適用的利率，也就是企業融資的利率。這個利率將被用來計算營業租賃資本化的現值。現在，這個利率也被用來衡量利息費用。

　　營業租賃資本化的現值，將被加到資產負債表的兩邊。事實上，這就代表所購置的設備與其貸款。將這筆金額乘以利率，結果就是利息費用。相同年份的原有租賃費用扣減前述利息費用，餘額就是折舊費用。

　　我特別強調營業收益，理由有兩點。第一，我是個美國人，我的投資經驗發生在美國。我經常看到基金投資上市公司，然後鼓勵所投資的企業改善經營狀況。有時候，這只需要從旁稍微推一把，有時候則需要用力推動。可是，很多美國企業最終都採納了最有利的資本結構，接受最佳的稅制。

　　這種情況也會發生在其他國家，但程度或許比較有限。法規可能侷限機構投資人的影響力。法律、習慣與交叉持股等，可能限制企業的經營地點、往來放款者，以及資本結構。

　　來自這些地方的投資人，可能不會像我這樣偏好採用營業

收益。對於他們來說，稅制與利息費用幾乎已經變成產業基本環境的一部分。可是，營業收益對我來說比較有用，因為我所接觸的企業無論採用哪一種稅制與債務選擇，都適合套用這項衡量。

我強調營業收益的第二個理由，在於我的投資期限很長。我持有股票的期限，往往長達數十年。對我而言，我所投資的企業有很多年的時間可以改善稅務與資本結構。投資人的目標持有期間如果只有短短幾個月，顯然就無法有這樣的期待。

幾年前，我在某個親戚家的閣樓找到一幅黑白點畫。我很喜歡，那是令人感傷的丹麥河畔景觀，幾隻胖嘟嘟的乳牛在橡樹下吃草。唯一的問題是，這幅畫的金邊畫框已經腐爛，而且非常污穢，和這幅畫完全不搭配。

解決這個問題的方法相當簡單，只需要重新裱框。現在，這幅畫襯著寬白邊，然後鑲在博物館等級的黑色箱形架框內，相當漂亮地掛在我的起居間牆壁上。

我所看到的某些企業，就是裝在舊畫框內的點畫。企業的核心營運狀況，也就是畫作本身，真的很棒；但稅制與資本結構，也就是畫框，卻根本爛透了。畫框什麼時候會更換呢？我不知道。可是，某些人必定也會察覺畫作的價值，因此必然會設法讓企業重新裝框。我的工作只是鑑賞畫作，並且在牆上預留擺置空間。

摘要

❶ 營業收益是衡量企業核心盈餘能力的最佳指標。

❷ 針對運用資本所做的調整,也必須同時作用在營業收益。

❸ 營運租賃一旦進行資本化,營業收益就必須加回原來的租賃費用,然後減掉新的折舊費用。

蓋璞公司（第二部分）

蓋璞的損益表列在 2015 年 10-K 文件的第 35 頁：

http://www.goodstockscheap.com/8.1.htm

營業收益位在第五列，2015 年的金額是 $1,524,000,000。可是，由於營業租賃資本化而調整運用資本，我們需要做兩方面的變動。

第一，2015 年的租賃費用需要被加回去。蓋璞的損益表沒有顯示租賃費用。這很正常。如果搜尋「lease expense」（租賃費用），沒有得到任何結果。可是，「rent expense」（租金費用）則得到 16 筆結果，其中一筆把我們帶領到第 61 頁的附註 11。這個附註的表格顯示 2015 年的淨租金費用為 $1,313,000,000。[5]

第二，新的折舊費用需要被扣減。首先估計利息費用。運用資本的計算顯示未來租賃費用的現值為 $5,693,244,523。這相當於貸款金額。

現值計算程序採用的折現率是 4%。這是依據貸款而假設的利率。所以，2015 年的利息費用為 $227,729,781，也就是

$5,693,244,523 乘以 4%。

　　將這筆利息費用 $227,729,781，從原來的租賃費用 $1,313,000,000 中扣減，餘額為$1,085,270,219；這也就是折舊費用。

　　現在，重新計算營業收益，程序相當簡單。首先從原本公布的營業收益 $1,524,000,000 開始，加回原來的租賃費用 $1,313,000,000，然後減掉新的折舊費用$1,085,270,219。所以，蓋璞的 2015 年營業收益為$1,751,729,781：

http://www.goodstockscheap.com/8.1.xlsx

◆　◆　◆

9

自由現金流量

```
┌─────────────────────────────────────────────────────────────┐
│  ┌──────────────────┐      ┌──────────────────┐              │
│  │ 我瞭解這家公司嗎？ │ ───→ │  這家公司好嗎？   │              │
│  └──────────────────┘      └──────────────────┘              │
│  產品                                                         │
│  顧客                                                         │
│  產業                                                         │
│  形式                                                         │
│  地理                                                         │
│  狀態                                                         │
└─────────────────────────────────────────────────────────────┘
```

　　自由現金流量（free cash flow）是第三個關鍵數據，這是企業營運釋放出來的現金。

　　關於自由現金流量的計算，我取營業現金流量（cash flow from operations），減掉資本支出（capital expenditures）。這兩個數據都來自現金流量表。

　　資本支出又稱為 *capex*，用於購置非流動性資產。資本支出有兩種型態：維修資本支出（maintenance capex）與成長資本支出（growth capex）。維修資本支出所購置的設備，是為了取代耗損的設備，作為替換，也是企業維持營業水準所必要的

支出。

　　成長資本支出則不同。這種支出的目的，是為了擴張企業營運，目的是成為更大的事業。

　　想要計算自由現金流量，從營業現金流量扣除的，只有維修資本支出。透過自由現金流量評估的，畢竟是目前營運的現金創造能力。如果扣減所有的資本支出，將低估企業創造現金的表現。

　　問題是，現金流量表的資本支出並沒有區分維修與成長兩大類。

　　常見的解決辦法，是採用折舊費用，也就是資本設備耗損的會計衡量，作為維修資本支出的代理變數。這種做法很合理，因為企業運用的設備確實會折舊。可是，我不喜歡這種處理方式，理由有兩點。

　　第一點是通貨膨脹。折舊代表舊成本的一部分，也就是當初資本設備購買價格的一部分。相同設備的目前成本可能更高。因此，把折舊費用視為維修資本支出，則維修資本支出可能被低估，自由現金流量也因此會被高估。企業看起來會比實際情況更好。

　　第二點是素質的問題。所耗損的既有設備，以及即將替代的設備，兩者可能有不同的素質。

　　假設某家企業運用四部機器製造產品。每台機器的成本都是 $4,800，使用期限為四年。第一台機器在營運第一年年初購

置，第二台在營運第二年年初購置，第三台在第三年購置，第四台在第四年購置。

如果採用直線法計算折舊，則每台機器每年的折舊費用為$1,200，也就是成本 $4,800 除以 4。到了第四年期間，四台機器同時運作生產，折舊費用為$4,800。

假定第一台機器在第四年年底如期報廢。這個時候，公司重置一台價格比較便宜的機器。新機器每天的產能與舊機器相同，但使用期限只有舊機器的一半。新機器每台價格 $2,000，使用期限為兩年；根據直線法折舊，每年的折舊費用為$1,000。

請問第五年的總折舊費用是多少？第五年有三台舊機器與一台新機器投入運作。三台舊機器的折舊費用為每台 $1,200，三台總計 $3,600。一台新機器的折舊費用為$1,000。所以，第五年的折舊費用總計$4,600。

請問第五年的維修資本支出為多少？該年的維修資本支出等於一台新機器的成本 $2,000，金額還不到折舊費用的一半。

如果企業購置相同的機器作為替換，則維修資本支出與折舊費用會比較接近。可是，這家企業購置了不同的機器，於是折舊費用超過維修資本支出，結果導致自由現金流量被低估。公司看起來會不如實際狀況。

比較好的解決方法，是針對 10-K 報告直接搜尋維修資本支出的資料，不要依賴折舊費用。另一個方法是收聽網路直播

的盈餘電話會議（earnings calls）。這是公司主管與股票分析師每季電話會議的紀錄，投資人可以透過公司網站免費收聽。

盈餘電話會議前半段的開場白，通常沒什麼具體內容；那是說故事的時間。隨後的問答部分可能淘到金子，往往會提到維修資本支出的數據。

如果前述方法都沒有結果，我就會認定所有的資本支出都是維修資本支出，但心中有個底子，知道估計結果可能過於悲觀。可是，我寧可抱著最壞的打算而得到意外喜訊，也不想抱著最高的期待而大失所望。

任何針對運用資本與營業收益的調整，也應該會改變自由現金流量。所以，一旦營業租賃經過資本化，就必須進行兩項調整。

首先，租賃付款應該加回**營業現金流量**。我們假定租賃付款等於租賃費用，然後加回營業收益。換言之，租賃費用到期時，我們假定租賃付款發生。

請注意，費用（expense）與付款（payment）兩個名詞雖然相關，但並不相同。費用是權責發生會計的概念，隸屬於損益表。付款是現金收付會計的概念，隸屬於現金流量表。

其次，模擬貸款的利息付款，也就是營業租賃資本化金額的利息付款，應該從營業現金流量扣減。這筆扣減的金額，應該等於營業收益扣減的利息費用。就像租賃付款，利息費用到期時，我們假定利息付款發生。

這裡涉及一個會計問題。某些公司根據 IFRS 編製財務報表，因此利息付款並不納入營業現金流量，而是擺在融資現金流量。對於這類企業，營業租賃資本化的過程不僅需要扣減新的利息付款，還要將原有的利息付款從現金流量表的融資部分移往營業部分。

這個計算自由現金流量的公式，也就是取營業現金流量減掉資本支出，然後針對營運租賃資本化進行調整，這個程序將產生自由現金流量的某種特定衡量，稱為舉債自由現金流量（levered free cash flow）。「舉債」一詞意味著其中已反映利息付款。

無舉債自由現金流量（unlevered free cash flow）則不反映利息付款。這項衡量的計算，首先把利息付款加回舉債自由現金流量；這裡所謂的利息付款，包括營運租賃資本化的利息付款，以及原本存在的利息付款。

其次，這會造成稅金付款增加。利息是可以扣抵稅金的費用。所以，一旦扣除利息費用，會造成稅前盈餘增加，迫使公司支付較多的稅金。

這種做法會造成影響，因為稅金付款無論根據 GAAP 或 IFRS，都隸屬於營業現金流量。可是，IFRS 處理特定投資與融資活動的稅金付款則屬於例外。

我們可以直接計算稅金付款的增加幅度。首先要知道該公司適用的所得稅率。針對 10-K 文件搜尋「effective tax rate」（實

際稅率）一詞，如果找不到，就找「tax rate」（稅率）。然後，把需要加回去的利息付款乘以稅率。這就是應該增加的稅金付款。

舉債自由現金流量或**無舉債自由現金流量**，哪一個比較有用？

我偏好採用舉債自由現金流量，因為這個數據給予我全然不同於營業收益的觀點。營業收益屬於權責發生會計的概念，忽略了稅金和利息；舉債自由現金流量則屬於現金收付會計的概念，反映了稅金和利息。綜合這兩個觀點，能夠協助我從各種重要面向觀察企業創造了多少現金。

另一個問題：哪一個數據較高？營業收益？或無舉債自由現金流量？

兩者都忽略利息。可是，無舉債現金流量反映了稅金付款，營業收益則忽略稅金費用。所以，營業收益的數據通常較高。可是，如果把稅金付款加回到無舉債現金流量，現在哪一個數值較大？

仍然是營業收益比較大。瞭解個中道理，應該有所幫助。

多數企業呈現常態現金週期（normal cash cycle）。企業先付出款項，後收取款項。業者需要花費現金承租空間、支付員工薪資、購買原物料。接著，企業交運貨物給顧客，之後才能獲得付款。所以，這類企業的損益表會先認列營業收入，然後現金流量表才會發生現金流入。如果企業營運處於成長階段，

這種情況會更明顯。公司的生意愈來愈好，現金流出也愈來愈多。

生意如果萎縮，情況則剛好相反。營業收益**下降**，購買原物料所支付的現金較少，但過去大單子創造的現金持續流入。然而，值得投資的事業，業務通常都呈現擴張，而不是萎縮。

在某些情況下，企業的營運模式可能呈現負向現金週期（negative cash cycle）。業者如果**先**收取顧客付款，然後才付款給供應商，就會發生這種令人愉快的局面。舉例來說，雜誌出版商通常會要求訂閱顧客先付款。所以，即使業務呈現擴張，無舉債自由現金流量還是可能超越營業收益。

可是，除非顧客預先付款，或業務處於衰退的狀態，一般業者的營業收益通常會超過營業現金流入。稍後，當我們討論如何衡量歷史績效時，這一點將變得很重要。相較於根據營業收益計算的衡量，我們針對以自由現金流量計算的衡量通常設定較低的要求標準。

自由現金流量，不論舉債或無舉債，都是與營業收益同等有用的數據。兩者只是彼此不同，並沒有哪一種數據比較優異。同時考慮兩者，可以讓我們的理解更貼近事實。

摘要

❶ 自由現金流量等於營業現金流量減掉維修資本支出。

❷ 維修資本支出與成長資本支出如果無法區別,則可以保守地扣減全部資本支出,儘管這種做法並不完美。

❸ 營業租賃經過資本化之後,自由現金流量的計算,需要加回原本的租賃付款,然後扣減新的利息付款。

❹ 舉債自由現金流量反映了利息付款,無舉債自由現金流量則否。

❺ 多數企業呈現常態現金週期。

個案研究

蓋璞公司（第三部分）

蓋璞的現金流量表就在 2015 年的 10-K 文件第 38 頁：

http://www.goodstockscheap.com/9.1.htm

2015 年的營業現金流量，或者蓋璞所謂的營業活動提供的淨現金（net cash provided by operating activities），金額是 $1,594,000,000。

2015 年的資本支出，即購置不動產與設備（purchases of property and equipment）的支出，金額是 $726,000,000。一如往常，現金流量表沒有區別維修與成長資本支出。針對這份文件搜尋「maintenance」（維修）與「growth」（成長），並沒有找到任何相關資訊。

2016 年 2 月 25 日，蓋璞與股票分析師舉行電話會議，討論該公司 2015 年的營業結果。遺憾的是，內容沒有提及維修資本支出的估計值。[1]

因此，保守的處理方式就是扣減全部的資本支出。在這種情況下，能不能看出自由現金流量被低估的程度？

能。如前文討論的，折舊不同於維修資本支出。可是，兩

者比較之下能夠讓我們感受其中是否存在嚴重背離。

在文件中搜尋「depreciation」（折舊）一詞。我們發現第47頁提到2015年的不動產與設備折舊費用為$588,000,000。這相當於是資本支出$726,000,000的81%。所以，差異並不大。自由現金流量可能被低估，但不至於太嚴重。

前文曾經把蓋璞的營業租賃資本化。因此，租賃付款必須加回營業現金流量，租賃費用必須加回營業收益。這個金額是$1,313,000,000。

另外，利息付款也應該被扣減。這個金額等於計算營業收益時所估計的利息費用，也就是$227,729,781。

現在，我們可以估計蓋璞的2015年舉債自由現金流量。這是營業現金流量$1,594,000,000，減掉資本支出$726,000,000，加上原有的租賃付款$1,313,000,000，再減掉新的利息費用$227,729,781。得到的結果是$1,953,270,219。

計算**無舉債**自由現金流量很單純。首先，把前文的利息費用$227,729,781加回舉債自由現金流量。然後，再加上原本已經存在的任何利息費用。第35頁的蓋璞損益表顯示2015年的利息費用為$59,000,000。所以，需要加回舉債自由現金流量的利息費用總計為$286,729,781，也就是$227,729,781加上$59,000,000。

其次，稅金付款應該增加，以反映利息費用扣抵稅金的部分。搜尋「effective tax rate」（實際稅率）一詞，結果在第23

頁顯示 2015 年的稅率為 37.5%。前述加回的總利息費用 $286,729,781 乘以 37.5%，等於 $107,523,668。這就是需要扣減的稅金。

　　所以，蓋璞 2015 年的無舉債自由現金流量是 $2,132,476,332。這是等於舉債自由現金流量 $1,953,270,219，加上總利息費用 $286,729,781，減掉稅金付款$107,523,668（請參考下列 Excel 文件）：[2]

http://www.goodstockscheap.com/9.1.xlsx[*]

◆ ◆ ◆

---

* 　編按：關於扣減稅金付款的計算方式，原文有誤。這個 Excel 檔案裡的數據，已是作者更正之後的正確版本。作者也在這個試算表檔案裡附上一段說明文字。至於中文版，編者已經更正了前面幾段文字中的數據。簡言之，中文版已經修訂了英文版原有的錯誤，因此中文讀者可以忽略試算表以及本書網頁上的更正說明。

帳面價值（book value）是第四個關鍵數據。我們稍早提到非流動資產的帳面價值，等於當初購置價格減掉累積折舊後的餘額。可是，就整家公司而言，帳面價值就是資產負債表上的權益（equity）。這也是從正式會計的立場衡量的企業價值。

權益等於資產減掉負債。可是，資產負債表上所顯示的權益，有些時候金額可能小於資產減掉負債的餘額。LinkedIn 公司就是一例。該公司的中國附屬機構有個少數合夥人（minority partner）。該合夥人擁有 LinkedIn 公司公眾股東未擁有的一部分事業，該項事業顯示在資產負債表的權益部分，稱

為可贖回非控股權益（redeemable noncontrolling interest）。

非控股權益的存在，無論可不可贖回，都是正常現象。這是股東權益與較大的總股東權益之間的差額。前者數額較小的股東權益，才是審慎的投資人所認定的帳面價值，因為這個數值更準確地代表整個大餅的規模。

企業可透過兩種方式增加權益。一是保留盈餘（retained earnings），也就是沒有分配為股利的淨利（net income）。另一個方式則是發行增資股。

從另一方面來看，企業也可以透過兩種方式讓權益減少。一是支付股利。另一個方式則是買回股票（share repurchases 或 buybacks）。換言之，公司運用現金買回自己發行的股票。在資產負債表上，現金將減少，但沒有出現對應的資產增加。所以，為了讓資產負債表保持平衡，股東權益將減少。

所以，任何根據帳面價值所做的衡量，都會因為公司買回庫藏股而受到影響。這無關好壞，但是投資人必須知道。

有形帳面價值（tangible book value）是第五個關鍵數據。這是帳面價值扣減無形資產（intangible assets）之後的餘額。所謂的無形資產，是指沒有實體的資產，譬如商譽、商標與專利。這些無形資產科目經常會出現在資產負債表的資產欄位，詳細程度各有不同。

從某種**更嚴格**的正式會計立場來看，代表企業價值的是有形帳面價值。這項衡量不僅不考慮企業持續營運的價值，也不

考慮任何無形物件的價值。

這是相當老派的概念。有形帳面價值的概念讓我們想起過去那個財務報表比較不可靠，也不常發布的年代；當時的投資人認為，唯有實質資產才可以讓企業拿到銀行貼現（或拿到當鋪典當）。

對於那些支付過高價格進行併購活動的事業，我發現有形帳面價值是更有用的數據。如果帳面價值顯著超過有形資產價值，通常是因為商譽價值過高。我會因此而留意企業的併購活動歷史。如果該企業近期併購另一家上市公司，我會分析被併購的公司在併購之前的狀況。我會研究過去的 10-K 文件。換作是我，是否願意支付那個併購價格？如果不願意，我就會停止分析。我不在意所謂的綜效功能。支付過高的價格併購企業，這種故事的開端總是引向悲慘的結局。我不願參與其中。

股數（shares）是第六項關鍵數據。許多重要的衡量指標都以每股為單位。這類衡量可能反映股數增加所造成的稀釋效應，或股數減少所造成的濃縮效應。

這種計算方式的功用很明顯。比如，某家企業的營業收益從去年的 $1,000,000，增加到今年的 $2,000,000；可是，相同期間內，股數如果增加一倍，則每股盈餘將維持不變。

股數如何計算呢？企業年度報告經常顯示好幾種不同的版本（請參考圖 10.1）。其中之一是流通股數（shares outstanding），有時候稱為基本股數（basic shares）。這是一般

投資人、投資基金與其他個體所持有的股數。

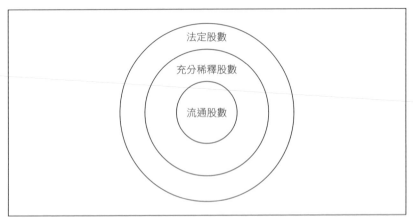

法定股數

充分稀釋股數

流通股數

圖 10.1 企業股數計算

　　另一種版本是數值更大的充分稀釋股數（fully diluted shares）。這是流通股數，加上公司發行的其他證券一旦全部執行或轉換而可能產生的流通股數。舉例來說，公司發行的**認股權證**如果被執行，或者可轉換債券被轉換，就會導致流通股數增加。如果員工執行所持有的股票選擇權，也會產生相同的效應。

　　第三種版本是法定股數（shares authorized）。這個數目更大，也是根據法律許可或公司章程所允許發行的股數。這是充分稀釋股數，加上公司被允許發行的新股票、認股權證、股票選擇權與可轉換債券等相關證券所**可能產生**的股數。

　　應該挑選哪一種股數衡量呢？很多人選擇流通股數。可

是，考慮購買股票的時候，我偏好採用充分稀釋股數。事業如果經營成功，凡是可以變成股票的證券，結果都會變成股票。

員工們會執行選擇權。債券持有人會轉換債券。認股權證持有人會決定執行。基於利益考量，他們都會把證券變成股票，然後按照更高價格獲利了結。這也是為什麼充分稀釋股數是最有意義的分母。

如果使用數目更大的法定股數，意義就更直接了當，卻可能過當。公司基於轉換或執行之外的理由發行新股票，是個重大決策。這種事情未必會發生。所以，我們沒有理由假定公司最終的發行股數將會等於法定股數。

我們很容易在企業的 10-K 文件或年度報告裡找到充分稀釋股數，這項數據通常放置在損益表的底部，或財務報表的註腳；搜尋的關鍵字是「diluted」（稀釋）。除了化工事業之外，這個字眼在其他行業裡大概不會有其他意思。

充分稀釋股數也不是完美的衡量。舉例來說，這項衡量沒有考慮公司將因為轉換或執行而產生的現金收入。以股票選擇權的執行為例，選擇權持有人必須支付**履約價格**，這會造成公司的融資現金流入，公司持有的現金餘額也會增加。可是，除非知道履約價格，否則很難將這個結果納入考量。

另外，充分稀釋股數在一年當中總是持續波動。企業往往會進行第二次發行，也可能發行新的選擇權，股數經常波動。這種情況在美國特別常見。

為了反映資料的變異性，年度報告經常會顯示充分稀釋股數的加權平均數。這是根據時間進行加權的充分稀釋股數。有時候，這種加權平均數可能少於年底的充分稀釋股數；有時候卻更多。可是，這應該是投資人可以容忍的瑕疵。

摘要

❶ 帳面價值等於股東權益，但不包含非控股權益。

❷ 有形帳面價值等於帳面價值減掉非實體資產。

❸ 三種股數衡量之中，充分稀釋股數最具參考意義。

個案研究

蓋璞公司（第四部分）

蓋璞的資產負債表在 2015 年的 10-K 文件第 34 頁：

http://www.goodstockscheap.com/10.1.htm

倒數第二列是總股東權益（total stockholders' equity），金額為 $2,545,000,000。資產負債表上沒有其他權益相關的科目，也沒有提到非控股權益。所以，這就是帳面價值。很簡單。

有形帳面價值的計算也很直接。蓋璞的資產部分完全沒有提到商譽、商標、專利或其他任何常見的無形資產。所以，這些科目可能隱藏在較大的資產項目內，譬如其他長期資產（other long-term assets）。

搜尋關鍵字「intangible」（無形）一詞，結果找到第 49 頁的附註 3。內容顯示 2016 年 1 月 30 日，即蓋璞 2015 年財務年度的最後一天，也是編製資產負債表的同一天，該公司的商譽為 $180,000,000，商標為 $92,000,000，其他不確定期限無形資產為 $4,000,000，需要攤銷的無形資產淨額為 $1,000,000。這四個項目的總和為 $277,000,000。

我們知道商譽是什麼。可是，其他的項目呢？

我們在前文已經把商譽界定為併購價格超過權益的部分。這基本上沒錯。可是，有些時候，某家公司併購另一家公司時，有一部分的超額併購價格實際上被配置到商譽之外的其他無形資產。

譬如，商標就是其中之一。商標就是品牌。就蓋璞而言，品牌包括 Athleta 與 Intermix，這是蓋璞最近併購的兩家公司。

其他不確定期限無形資產又是什麼呢？商譽與商標就是這個類別最典型的例子。除了這兩者，還包含什麼其他的無形資產，情況並不清楚。可是，這也不太重要；$4,000,000 畢竟是相對微小的金額。可是，探索其中含意或許能夠讓我們有所啟發。

不確定期限也就是不需攤銷的意思。我們知道，攤銷就是折舊，只是前者適用於無形資產。無形資產需要攤銷，因為其價值將隨著時間經過而耗損。至於商譽與商標之類的無形資產，則不會因為時間而減損價值。

可是，需要攤銷的無形資產淨額就不同了。第 49 頁顯示這個項目包括「客戶關係與禁止競爭協議」。

客戶關係可以在特定期間內提供經濟效益，也就是銷售，因此屬於取得資產（acquired asset）。

根據禁止競爭協議，Athleta 與 Intermix 的人員承諾在某個特定期間內，不從事或不加入任何對蓋璞構成競爭的活動。

這項協議只在特定期間內有效，所以價值需要攤銷。

2015 年財務年度結束，蓋璞的有形帳面價值為 $2,268,000,000。這是帳面價值 $2,545,000,000 減掉無形資產總值 $277,000,000 所得到的結果。

充分稀釋股數的資料並不難得到。搜尋關鍵字「diluted」（稀釋），結果在第 16 頁看到項目 6。這裡提供的加權平均股數－稀釋（weighted-average number of shares - diluted）為 413,000,000。這個數字也出現在第 35 頁損益表的倒數第三列，稍後又出現在附註。[1]

◆ ◆ ◆

CHAPTER

11

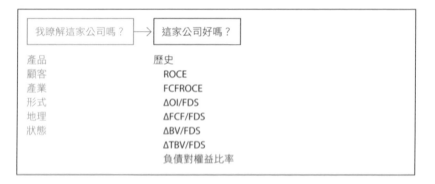

歷史績效

我瞭解這家公司嗎？	→	這家公司好嗎？

產品 | 歷史
顧客 | ROCE
產業 | FCFROCE
形式 | ΔOI/FDS
地理 | ΔFCF/FDS
狀態 | ΔBV/FDS
 | ΔTBV/FDS
 | 負債對權益比率

　　擷取財務報表的關鍵數據，有助於計算績效衡量（performance metrics）。我們可以透過七種衡量，顯示相關企業的歷史表現是否理想。

　　第一種績效衡量是運用資本報酬率（return on capital employed，ROCE）。ROCE 是個比率，表示為百分率，分子是營業收益（operating income），分母是運用資本（capital employed）。

　　ROCE 衡量的是，相對於所需要的資本，企業能夠賺多少

錢。

比率的分子是取自損益表的營業收益，描述的是某段期間的流量，就像一部電影。

可是，比率的分母是取自資產負債表的運用資本，描述的是某個特定時間點的存量，就像一張快照。於是引發了一個問題：一年期間哪一個時間點的運用資本，最適合代表企業創造該年營業收益所需的資本？

這是很重要的問題。12 個月期間內，運用資本可能出現重大變動。總資產、現金餘額、不付息流動負債等等，都會波動。

有三個選擇。第一個是**年初**，也就是根據前一年年底的資產負債表計算運用資本。第二個是**年底**，也就是採用當期的資產負債表計算運用資本。第三個選擇，是採用平均數，也就是取年初與年底的算術平均數。

當然，我們也可以考慮季報的資產負債表。可是，季報的數據沒有經過審計，相對不可靠。

如果沒有特別的想法，或許可以考慮計算兩個版本的運用資本，即年初和年底各一個版本，由此得出一個可能數值的區間。這個做法也呼應了我們衡量運用資本時對於現金的處理態度：同時計算扣減全部現金的運用資本，以及完全不扣減現金的運用資本。

我喜歡採用區間。因為區間的估計正好提醒了我，即使是

最精密的計算，得到的答案仍然相當粗糙。所以，對於任何單一期間，我會計算四種版本的 ROCE 衡量。每種衡量的運用資本都不相同：年初包含現金、年初不包含現金、年底包含現金、年底不包含現金。稍後，我們會討論哪一種衡量最有用，以及如何設定基準。

第二項績效衡量，是運用資本的自由現金流量報酬（free cash flow return on capital employed）。對於這個衡量，我採用一個不容易發音的英文縮寫：FCFROCE。這是舉債自由現金流量除以運用資本。

與 ROCE 一樣，FCFROCE 需要挑選運用資本的衡量日期，因此同樣適合採用區間。FCFROCE 也跟 ROCE 一樣有四個不同版本，取決於分母對現金與時間的處理方式。

企業如果處於擴張狀態，FCFROCE 經常小於 ROCE。這是因為舉債自由現金流量往往落後營業收益，而且反映了利息、稅金與常態現金週期，營業收益則否。

第三種績效衡量，是充分稀釋每股營業收益成長（growth in operating income per fully diluted share，簡稱 ΔOI/FDS）。數學符號 Δ，也就是希臘字母的 delta，代表變動量。請注意，變動量可能是正數或負數。

ΔOI/FDS 的計算很單純。首先計算第一年的營業收益除以充分稀釋股數，然後計算第二年的營業收益除以充分稀釋股數。接著，把第二年數據減掉第一年數據，再除以第一年數

據，得出百分率。

假設 2015 年的充分稀釋每股營業收益為 $3，2016 年為 $4，則 2016 年的 ∆OI/FDS 為 33%，也就是（$4－$3）／$3。

第四種績效衡量，是充分稀釋每股自由現金流量成長（growth in free cash flow per fully diluted share，簡稱 ∆FCF/FDS）。計算程序是把第一年的舉債自由現金流量除以充分稀釋股數，然後計算第二年的數據。接著，把第二年的數據減掉第一年的數據，再除以第一年的數據，得出百分率。

第五種績效衡量，是充分稀釋每股帳面價值成長（growth in book value per fully diluted share，簡稱 ∆BV/FDS）。讀者應該不難推論計算程序：將第一年的帳面價值除以充分稀釋股數，然後計算第二年的數據，接著把第二年的數據減掉第一年的數據，再除以第一年數據，得出百分率。

以嚴格的會計立場而言，∆BV/FDS 顯示企業隨著時間經過的價值變動。可是，這項衡量的用途有限，理由有兩個。首先，這個衡量無法將股利納入。股利直接出自帳面價值；所以，為了讓 ∆BV/FDS 的運用具有意義，分析者必須先知道企業支付的股利。

帳面價值成長與股利成長，雖然都會影響投資人報酬，但兩者畢竟不同。如果投資人以為 $1 的帳面價值等於 $1 股利的價值，那就錯了。一方面是因為股利通常需要課稅，帳面價值成長不需要。所以，將這兩者混合在同一個企業營運方面的衡

量，那就太過於簡化了。

ΔBV/FDS 衡量的用途有限，第二個理由在於數值會受到企業買回庫藏股的影響。一家公司即使 ΔIO/FDS 為正數，而且不分配股利，也可能因為買回庫藏股而導致 ΔBV/FDS 為負數。儘管如此，這項衡量還是值得計算，我們將在稍後說明這一點。

第六種績效衡量，是充分稀釋每股有形帳面價值成長（growth in tangible book value per fully diluted share，簡稱 ΔTBV/FDS）。讀者應該也知道這項衡量的計算方法：取第一年的有形帳面價值除以充分稀釋股數，然後計算第二年的數據，接著再把第二年的數據減掉第一年數據，結果除以第一年的數據。這項衡量有某些功能，但也因為不包含股利，而且會受到買回庫藏股的影響，所以用途有限。

第七項績效衡量，是負債對權益比率（liabilities-to-equity ratio），這項比率反映企業資產負債表上的債務負擔程度。計算方式是把總負債除以帳面價值。

多數投資人都會運用某種指標衡量企業的負債程度。很多人採用利息保障倍數（interest coverage ratio），也就是 EBIT 除以利息費用；這項數據衡量企業清償債務或支付債務利息的能力。

有些人則採用債務對權益比率（debt-to-equity ratio）。分子是企業的**金融債務**，包括債券、銀行貸款與其他付息負債。

我則瘋狂地擴大分子的涵蓋範圍，納入所有的負債，包括債券、銀行貸款、應付帳款、應計費用、預收收入（unearned revenue）；簡言之，也就是包含任何負債，無論是否支付利息。為什麼？因為企業可能被太多負債壓垮，而我希望我的衡量能夠納入這種種因素。況且，我的目標是找到即使在最黯淡的光線之下也能被發掘的優良事業。我沉溺於最糟情節。

雖然我偏好採用負債對股東權益比率，但其他替代衡量也都能夠發揮作用，重點在於確實使用某種指標來衡量企業的債務負擔。

負債可以放大結果。信用高度擴張的事業，如果一切進行順利，情況會變得非常美妙。成功噴發的經濟效益將歸向股東，因為債權人與供應商享有的上檔有限——債權人取得利息與本金，供應商取得價款；可是，他們能得到的僅僅如此。他們享有的上檔被天花板所限制。

股東則沒有上檔限制，完全海闊天空。扶搖直上的股價，往往體現了這種不受限制的獲利上檔。

可是，信用高度擴張的事業，情況一旦不順利，結局往往慘不忍睹。營業收益暴減，現金流量勉強涓滴，負債重擔卻絲毫不減。債務人仍然要求利息與本金，供應商繼續索取價款。企業營運可能週轉不靈。這種情況可能在技術的層面上造成災難，因此價值投資人看待企業負債的態度傾向於保守。

偏高的負債對權益比率，在兩種情況下能夠被投資人所接

受。第一，信用可靠的事業在利率偏低環境下藉由現金融通而賺取高報酬。第二，股東權益因為股利分配而減少，或者在某些情況下因為買回庫藏股而減少，我們稍後將說明這一點。

有時候，企業同時處在兩種情況。某家信用可靠的事業，按照偏低的利率大量融資，然後低價買回庫藏股。結果，債務暴增，企業帳面價值遞減，導致負債股東權益比率大幅上升。然而，對於謹慎的投資人來說，這種情況仍然很吸引人。

企業經營偶爾會遭遇反常的年份。需求突兀暴增，可能導致盈餘上升。景氣衰退則可能嚴重影響現金流量。碰到這類的不尋常的年份時，如果只根據一年的狀況評估企業，顯然不合理。反之，完全忽視這一年所發生的事，也同樣顯得愚蠢。我們真正想要的，是根據常態化的結果進行評估。

將企業表現常態化的方法之一，就是綜合觀察數年的績效。以 ROCE 為例，如果企業最近五年來的基本面狀況沒有顯著變化，我們可以計算 ROCE 平均值；換言之，加總五年期的營業收益，然後除以每年運用資本的加總和。

對於每年的運用資本，前文提到四種版本的數據，即年初含現金、年初不含現金、年底含現金，年底不含現金；所以，我們將得到四種版本的平均 ROCE。

FCFROCE 的平均值，計算程序也是一樣。

成長衡量也可以計算數年的平均值。可是，成長資料不適合採用算術平均數，因為這麼做不能反映複利效應。我們應該

採用幾何平均數（geometric mean）。第 4 章討論投資績效評估時，曾經使用這個概念。

我偏好的常態化程序，是採用多年期的平均數。可是，有些人喜歡針對個別年份的數據進行調整。他們移除不規律事件，例如，偶爾發生的一次性訴訟和解金會被加回去。我不喜歡採用這種方法，理由有三點。

第一，某個情況是否該被視為不規律事件，唯有將來才能確定。某一筆訴訟費用真的是偶發性或一次性費用嗎？如果將來再次發生，那就不是了。

第二，即使是真的不規律事件，也必須擁有公司經營者等級的知識才能夠辨識。外部投資人可以從年度報告、媒體公告或新聞報導得到許多詳細的資訊，以致誤以為他們有能力辨識。可是，投資人實際上沒有這種能力。

第三，每年都可能發生某種形式的不規律事件。一旦開始調整，這類被合理化的做法就會沒完沒了。

基於這三種理由，我寧可把歷史營運績效視為歷史的一部分。我不想嘗試清理，並且假裝這些經過打點的版本會重複發生。

就負債對權益比率來說，常態化程序顯然沒有意義。真正重要的是最近期的數據。即使去年的數值比今年低，也不會因此而減輕目前的債務負擔。

計算前述七種績效衡量時，我們會得到各種實際的數值。

以 ROCE 來說，數值可能是 9%，也可能是 19%。哪一個比較好？哪一個比較差？答案就在股票市場裡。

從我出生的那一年，也就是 1967 年開始，股票市場截至目前為止的年度平均報酬為 10.2%。這是 S&P 500 指數從 1967 年到 2015 年之間總報酬的幾何平均數。任何人只要買進簡單的低成本指數型基金，譬如先鋒（Vanguard）的 VFINX，就可以得到這個績效。

本書第 2 章提到，優秀投資人經常抱著買進整家公司的心態，進行相關企業的基本分析。我們現在就採取這種觀點，假設自己買進全部股票，然後讓企業下市；因此，再也沒有股票報價。隨著時間經過，投資人會期待哪一種報酬？

投資人會取得企業創造的所有淨利。在後續的日子，這個數據會透過折舊費用，精確地反映耗損設備的重置成本，或維修資本支出。隨著時間拉長，淨利與運用資本之間的這種關係，將主導投資人享有的報酬。如果這個報酬數值低於每年 10.2%，則這家公司就不值得買進。畢竟，買進 VFINX 就可以得到這種程度的報酬。

當然，ROCE 並不是採用淨利（net income）作為分子，而是數值更大的營業收益，這個分子沒有扣除稅金與利息。所以，10.2% 作為 ROCE 的參考基準顯然太低。我改用 15%，這是我所估計的 S&P 500 平均年度總報酬，也就是假設所有的指數成分股都不繳納稅金，也不支付利息費用。

以股票市場大盤指數的表現作為衡量 ROCE 的參考基準，說來或許有點違反直覺。ROCE 畢竟沒有涉及股價，而股票市場的報酬卻與股價密切相關。如果以長期觀點來看待，或許就看得透。

　　通貨膨脹威力無窮，會造成企業的營業數據，比如收益、設備重置成本等等上升。可是，投資或購買企業所支付的價格卻不會上升，因為那已經是歷史。通貨膨脹會導致過去支付的價格看起來愈來愈小。

　　假設投資人支付 $7,000,000 購買一家企業，去年創造的營業收益為 $1,000,000；以這個購買價格來說，本益比似乎相當可觀。可是，假設 30 年之後的營業收益是$2,500,000，則當初的購買價格看起來似乎就太美好了。

　　順便說明一點，營業收益在 30 年期間從 $1,000,000 變成 $2,500,000，年度成長率不過是 3% 左右，也就是約略等於通貨膨脹。如果企業呈現實質成長，則當初支付的$7,000,000 就更美好了。

　　FCFROCE 又如何呢？基於相同理由，這個數值也可以作為衡量股票市場報酬的參考基準。可是，由於常態現金週期的緣故，10.2% 顯然太高。我採用 8%。

　　成長衡量也需要設定某種參考基準：ΔOI/FDS 可能是 1% 或 11%；ΔFCF/FDS 可能是 4% 或 14%。哪一個比較好？

　　作為絕對的基準底線，不妨考慮通貨膨脹。我們知道，近

幾十年來，美國的年度通貨膨脹平均大約 3%。所以，成長率如果低於 3%，企業基本上就是處於萎縮狀態。財務報表都採用名目數據，沒有經過通貨膨脹調整；所以，成長率如果不到 3%，企業實質上就沒有成長。

這並不是說 4% 就代表令人興奮的成長故事。或許應該採用更高的參考基準；可是，參考基準應該多高，則每個人各有意見。

至於負債對權益比率，參考基準的設定就更困難了。一方面是因為買回庫藏股可能造成的扭曲效應，另一方面則因為每家企業的利息成本差異可能很大。原則上，我希望這個比率不超過 2。可是，如果所有的績效衡量都很好，而且企業運用廉價的融資買回價值低估的股票，我甚至可以接受高達 7 倍的比率。

運用試算表軟體，前述七種績效衡量的計算方式都相當直接。每年的財務報表實際上只需要計算大約十多種數據。從損益表取得的，是營業收益，可能還有利息費用。至於現金流量表，則是營業現金流量，以及資本支出。從資產負債表得到的，是現金、商譽、無形資產、總資產、應付帳款、遞延收益、應計費用、總負債，以及股東權益。至於這三個報表以外的資料，就僅僅需要知道企業的充分稀釋股數，或許還有實際稅率。

這一系列計算程序有時候很簡單。某些數據可能已經被合

併，比如遞延收益與應計費用。有時候計算程序則比較困難，例如營業租賃需要進行資本化的時候。可是，這個程序整體而言是不難掌握的，而且非常值得花費心力去執行——畢竟分析所得到的數字能夠揭示某家企業廣泛且詳細的歷史表現。

在某些情況下，績效衡量為負數。FCFROCE 或 ΔOI/FDS 平均值可能是負數。另一些時候，績效衡量可能過於平庸。ROCE 可能是 7%，ΔFCF/FDS 是 1%，而且沒有其他彌補性的成長衡量。不要為表現不彰的企業尋找藉口。價值投資模型的目的就是要針對這類對象插上警示旗。如果企業看起來狀況不好，就沒有必要繼續考慮，市場上還有其他更值得注意的對象。

千萬要記住，績效衡量都是歷史數據，衡量的是已經發生的事情。如果成長率是 10%，那只是表示公司曾經成長 10%，未必意味著現在以 10% 的速度成長。未來可能無法複製過去。針對公司未來表現的預測，我們接下來將討論另一組全然不同的工具。

摘要

我們可以藉由下列七項指標，衡量企業的歷史績效：

❶ 運用資本報酬率（ROCE）。

❷ 運用資本的自由現金流量報酬率（FCFROCE）。

❸ 充分稀釋每股營業收益成長（ΔOI/FDS）。

❹ 充分稀釋每股自由現金流量成長（ΔFCF/FDS）。

❺ 充分稀釋每股帳面價值成長（ΔBV/FDS）。

❻ 充分稀釋每股有形帳面價值成長（ΔTBV/FDS）。

❼ 負債對權益比率。

（個案研究）

蓋璞公司（第五部分）

計算蓋璞公司的七項歷史營業衡量，程序相對單純。從第 7 章到第 10 章，我們已經掌握了 2015 年的關鍵數據。我們還要計算過去幾年的關鍵數據，才能計算常態化平均數。我回溯到 2011 年：

http://www.goodstockscheap.com/11.1.xlsx

首先是 ROCE。分子是營業收益。我們在第 8 章確定了 2015 年的數據；根據營業租賃資本化調整之後，營業收益為 $1,751,729,781。納入前四年的營業收益（全部根據營業租賃資本化調整），結果是 $10,345,414,998，這也是五年期的分子。

最近四年（2012 年到 2015 年）的總營業收益也應該計算，理由稍後會說明；數值為 $8,643,310,597。

分母是運用資本，總共有四個版本，全部都包含營業租賃資本化的部分。從 2011 年到 2015 年的五年期間總和，年底包含現金總額是 $55,993,144,241，年底不含現金總額是 $48,253,144,241。這是五年期間的數據，所以對應的分子是五

年期的營業收益。

　　至於年初的運用資本，必須使用前一年的資產負債表，但是我沒有取得 2010 年的資料，所以只能計算四年期的年初運用資本。四年期的年初包含現金總額為 $44,191,899,718，年初不含現金總額為 $37,821,899,718。對應的分子是四年期的營業收益。

　　根據我的計算，ROCE 的四項平均數衡量分別為 18%、21%、20% 與 23%。換言之，最差的平均值是 18%，仍然顯著高於我的參考基準 15%。所以，我會繼續關注蓋璞。

　　其次考慮 FCFROCE。分子是舉債自由現金流量。經過營業租賃資本化調整之後，五年期加總和為 $10,521,585,002，四年期加總和為 $8,783,689,403。所以，我得到的四項平均數衡量分別是 19%、21%、20% 與 23%。最低數據是 19%，遠遠高於我的參考基準 8%。我對蓋璞仍然保持興趣。

　　第三項衡量是 ΔOI/FDS。這裡只有 2011 年到 2015 年的五年期資料，所以只能計算四個年對年的成長率：2011 至 2012 年、2012 至 2013 年、2013 至 2014 年，以及 2014 至 2015 年。計算這四個期間的幾何平均數，結果是 7%，數值遠高於通貨膨脹率，顯示蓋璞的營運沒有萎縮的現象。可是，2015 年的 ΔOI/FDS 為負 19%，確實顯示萎縮。

　　這裡開始浮現一個圖像：這家原本十分賺錢的事業，基於某種尚未確定的理由，開始停止成長。

第四項衡量是 ΔFCF/FDS，四年期平均數為 10%；結果相當不錯，顯著高於通貨膨脹。可是，2015 年的 ΔFCF/FDS 數據為負 17%，顯示營運狀況似乎發生問題。

第五項衡量是 ΔBV/FDS，四年期平均數為 4%，勉強超過通貨膨脹率。分子是否因為買回庫藏股而減少？是的，2015 年的 10-K 文件第 15 頁顯示該公司大量買回股票。股利呢？答案也是肯定的。第 13 頁透露了這個帳面價值的竊賊。2015 年的 ΔBV/FDS 是否也像其他成長衡量一樣呈現負數？沒錯，該年的數據是負 9%。

就所有發展情況觀察，我們很難從 ΔBV/FDS 數據歸納出明確結論。可是，發現某項衡量無助於評估特定狀況，這一點本身可能就是重要結論。

第六項衡量是 ΔTBV/FDS，四年期平均數為 3%，2015 年的數據則是負 11%。這項衡量水準偏低；可是，我們知道權益數值受到顯著扭曲。

第七項衡量是負債對權益比率。2015 年的資產負債表顯示，總流動負債為 $2,535,000,000，總長期負債則為 $2,393,000,000。加總這兩個數據，得到$4,928,000,000 的總負債。如果以總資產 $7,473,000,000 減掉總權益$2,545,000,000，得到也是相同的結果。

總負債除以總股東權益，結果是 194%。換言之，蓋璞的負債幾乎是股東權益的兩倍。這個數值是否偏高？算不上，尤

其是處在低利率環境之下；第 7 章提到蓋璞最近按照 1% 利率融資 $400,000,000。另外，蓋璞買回庫藏股，導致股東權益減少，也造成這項比率上升。[1]

可是，這項比率實際上可能更高。如果我們決定把營運租賃資本化，讓分子膨脹，負債增加為 $10,621,244,523，則負債對權益比率也會因此上升到 417%。

整體而言，蓋璞的歷史營運衡量提供相當明朗的圖像。企業的獲利能力高於平均水準，負債尚在可管理的程度之內。可是，事業營運成長趨於停頓。作為一項投資，蓋璞的吸引力有一部分取決於成長能力是否能夠恢復。這也是價值投資模型稍後將處理的問題。這些數據不僅敘述了故事，也提示了我們接下來應該觀察的事項。

關於我針對蓋璞所做的計算，有些讀者可能會有不同意見。他們可能認為我採用的折現率太高，或太低。

這是預料中的事。對於單一企業的定量分析，勢必涉及無數細節的判斷。如果某一份研究報告完全沒有任何疑問，就統計上來說，恐怕也不恰當。重點在於我清楚說明了我的選擇，而其他人也可以做更好的選擇。

• • •

未來績效

我瞭解這家公司嗎？	→	這家公司好嗎？
產品		歷史
顧客		ROCE
產業		FCFROCE
形式		ΔOI/FDS
地理		ΔFCF/FDS
狀態		ΔBV/FDS
		ΔTBV/FDS
		負債對權益比率
		未來
		寬度分析
		力量分析
		護城河辨識
		市場成長

　　如果企業的歷史營運績效很好，下一步就要確認未來能不能保持理想的營運表現。這是比較困難的部分，因為我們顯然沒有**未來**的會計報表可參考。這個時候，分析者只能轉而訴求策略分析（strategic analysis）。更明確地說，有四項定性工具可以協助我們評估企業的未來展望。

第一項工具是我所謂的寬度分析（breadth analysis），從這裡提出兩道問題。第一，企業的客戶基礎是否夠廣，而且不太可能整合？第二，公司的供應商基礎是否夠廣，而且不太可能整合？除非這兩個問題的答案都是肯定的，否則營運狀況稱不上理想。

所謂寬廣的客戶基礎，我指的是沒有任何單一客戶的貢獻足以構成營業收入的十分之一。同理，寬廣的供應商基礎，是指沒有任何單一供應商的業務量足以占據銷貨成本或營業費用的十分之一。

可持續性的廣泛客戶群與供應商非常重要，這一點並不難理解。如果一家公司只有兩位客戶，各自占據半數的銷貨，則只要流失一位客戶就足以造成營業災難。客戶流失的原因究竟為何，或該公司是否咎由自取，已經不再重要。事情一旦發生，就夠麻煩了。

可是，如果某家企業有上千個客戶，每個客戶所創造的營業收入平均只有千分之一，則損失任何一位客戶都幾乎不會造成明顯影響。好企業當然會嘗試理解客戶流失的原因。可是，無論原因為何，企業都禁得起這類短期衝擊。

供給方面的情況也一樣。如果某種重要原物料只由單一供應商提供，則供貨一旦中斷就可能造成麻煩。

不過，有個例外情況。好的企業有意集中向少數供應商購貨，以便爭取較優惠的價格折扣與服務。當然，這也可能讓特

定供應商掌握太大影響力。可是，企業只要隨時保留數家潛在的供應商，則仍然可以享有寬廣供應商基礎的經濟效益。只要有替代供應商隨時待命，就可以讓主要供應商持續給予最好的條件。

客戶群的寬度分析相當直接了當。年度報告往往包含明確的陳述，譬如：「沒有任何單一客戶占據營業收入的十分之一。」如果沒有這類陳述，通常意味著情況並不理想。

供應商基礎的寬度分析則比較困難。針對這個課題，年度報告的內容往往會兜圈子，鮮少明確說明公司與最大供應商的業務來往占據了總成本的多大比例。所以，分析者可能需要評估企業需要購買的物品種類。存貨必須侷限於某些特定品牌，或者不限？主要零件是否必須來自某個由單一家族控制相關產業的國家，或者可以從世界各地取得？合格勞動力的來源是否稀有且擁有工會組織，或者來源充分且容易訓練？

有時候，供應商基礎看似寬廣，實際上卻是假象。舉例來說，10-K 報告可能顯示某家公司「貨源來自一百多家供應商」。不要過度解讀這類陳述。即使有 100 家供應商，仍然可能有半數貨源集中來自單一供應商。

寬度分析可以迅速過濾高風險的狀況。2007 年年初，我研究來自紐約的消費者房地產抵押貸款業者 Delta 金融公司，該公司專門協助信用紀錄不佳的購屋者，營運方式就我看來相當謹慎。我瞭解了這家公司，歷史營業績效也令我滿意。

Delta 一旦取得房地產貸款，就進行證券化。該公司將貸款賣到住宅抵押貸款擔保證券市場，然後運用所取得的資金繼續提供貸款。我認為這家公司提供的產品就是資金，房地產貸款的買家就是供應商。乍看之下，房地產抵押貸款的買家很多，所以供應商基礎看似很廣。[1]

　　可是，我接著開始把住宅抵押貸款擔保證券市場本身看成是供應商。這是個新興的龐大市場，而且是整個經營程序的主要管道。一旦這個市場出了任何問題，就可能讓 Delta 陷入大麻煩。所以，我決定放手。

　　請注意，我沒有預測利率變動，也沒有計算違約百分率，更沒有做任何其他的深入分析。我只是注意到這家公司好像過於仰賴單一供應商。幾個月後，金融危機爆發，住宅抵押貸款擔保證券市場陷入失靈狀態，抵押貸款無法證券化，Delta 也就只能申請破產。[2]

　　我很少能夠如此精確地預測即將爆發的危機。Delta 是個相當不尋常的案例。可是，寬度分析這種樸實而可靠的工具，往往能夠發現這類岌岌可危的狀況。

　　第二種定性工具，是力量分析（forces analysis）。這個方法簡化自商學教授麥可·波特（Michael E. Porter）在 1979 年提出的五力模型（five forces model）。[3]

　　波特的原始模型，是衡量產業內部的競爭強度，以及由此衍生的企業獲利能力。我的版本是運用四種力量，估計企業的

獲利潛能。我們評估每種力量的大小。力量愈弱，企業的獲利能力就愈強。

波特採用投入資本報酬率（return on invested capital，簡稱ROIC）衡量獲利能力。他計算 ROIC 的方法，幾乎和我偏好採用的獲利能力衡量，也就是 ROCE 相同。

第一種力量，是客戶的議價能力。當公司的客戶要求更低的價格，或更快速的交割時間，他們能不能達到目的？

三大因素會降低客戶的議價能力。第一是客戶的數量。客戶數量愈多，他們的議價能力愈低。寬度分析如果顯示客戶基礎持續壯大，客戶的議價能力通常薄弱。

另一個因素是客戶進行向後整合（backward integration）的能力；也就是說，客戶開始從事一些原本由該公司所經營的事。如果客戶不能向後整合，例如，這方面的整合所需要具備的條件可能超越客戶的本業範圍，則客戶的議價能力就會比較弱。

第三是偏高的轉換成本。如果客戶將業務轉換到其他公司時需要付出龐大的代價，則該客戶的議價能力就傾向於薄弱；舉例來說，如果客戶的營運作業與該公司的產品具備相當程度的整合性，轉換成本就偏高。

West Marine 是美國的船艇配件零售商，我在 2011 年曾經分析這家公司，當時該公司的主要競爭對手歇業。[4] 結果，我發現船艇業者通常可以向其他網路零售商取得配件，因此壓低

West Marine 的產品價格。更糟的是，船艇業者經常在 West Marine 分店的展示間尋找適當的配件，然後上網另外尋找更便宜的賣家。所以，這些客戶可以迫使 West Marine 降價，公司的獲利能力因此被影響。

當然，船艇業者不太可能進行向後整合，他們不可能自己生產救生用品或引擎；但是他們的轉換成本很低，可以向許多其他的供應商購買配件。所以，West Marine 的客戶議價能力很強。不出所料，自從我五年前開始關注這家公司以來，股價始終沒有什麼表現。

國際香精香料公司（International Flavors & Fragrances）的情況剛好相反。該公司生產特殊的化合物，讓食物與清潔產品具備特殊風味或氣味。所以，食品或清潔用品廠商一旦使用了國際公司的香精或香料，通常就必須繼續使用。國際公司因此能夠持續調高產品售價，長期維持獲利能力。[5] 相較於 West Marine，國際公司的客戶議價能力薄弱。

第二種力量，是供應商的議價力量。如果供應商要求漲價，或要求加快付款速度，業者會同意嗎？

導致客戶議價能力降低的因素，與導致供應商議價能力降低的因素彼此相應。第一個因素是供應商的數量。數量愈多就代表愈弱的能力。如果寬度分析顯示供應商基礎持續壯大，供應商的議價能力通常就顯得薄弱。

另一個因素是供應商向前整合（forward integration）的能

力，也就是意味著供應商開始進行一些原本由該公司經營的事。這類整合愈不可行，供應商的議價能力就愈弱。

第三項是轉換成本。業者轉換供應商的成本愈便宜，供應商的議價能力愈低。

我們以卡夫亨氏公司（Kraft Heinz Company）為例，這是生產 Grey Poupon 芥末醬、Jell-O 甜點，以及其他超市產品的美國業者。這些產品的原料都是大宗商品，比如牛奶、糖、番茄等等，全球供應商基礎非常寬廣。[6] 如果某家供應商不能按時交貨，或準備提高價格，該公司隨時可以更換供應商。供應商的選擇太多了。卡夫亨氏享有的優異獲利能力，一方面來自於供應商缺乏議價能力。

第三種力量，是替代品的威脅。替代品可能有三種形式。第一種是直接替代，也就是既有競爭對手提供的類似產品。第二種是捨棄，這是一種取自經濟學的概念。第三種形式是具備類似功能而全然不同的產品。

我們以專門生產數位監控攝影機的瑞典業者安迅士（Axis）為例。來自松下、三星或其他業者生產的數位監控攝影機，都是安迅士產品的直接替代品。

捨棄可能意味著沿用舊技術，譬如類比監控攝影機，也可能完全不使用監控系統。捨棄也可能來自某種理性的選擇——寧可承擔盜竊的風險而不願意支付代價安裝電子監控系統。

全然不同但能夠提供相同功能的產品，包括圍牆、保全服

務，以及不使用攝影機而改用紅外線偵測的監控系統。[7]

有兩種因素可能降低替代品的威脅。第一，替代品提供的功能遠低於企業產品。第二，公司產品的使用客戶改用其他替代品的轉換成本很高。

第四種力量，是來自新進者的威脅。新進者可能是新成立的業者，或既有公司成立的新部門。新進者出現的可能性愈低，這方面的威脅就愈小。

新進者威脅不同於進場障礙，而是進場障礙加上我所謂的成功障礙。除非能夠克服這兩種障礙，才能構成真正的威脅。新進者即使能夠輕鬆進場，如果不能真正滲透市場，就稱不上什麼威脅。

企業可能具備某些條件，足以阻止潛在新進者參與競爭。其中一種條件是經濟規模。如果企業的產量很大，就能夠讓單位生產成本遠低於新進競爭者。另一項條件，則是顧客的轉換成本偏高。最後，如果相關業者處於管制行業，則另一項條件就是新進者取得營業執照的難度。這三種條件的任何一種，都足以減緩新進者構成的威脅。

想要有效進行力量分析，投資人必須決斷。換言之，我們必須判斷每種力量是強是弱。中等是沒有用的；因為中等畢竟存在各種程度的中等。所以，分析者必須確定每一種力量偏強，或是偏弱。

如果相關企業的這四種力量都很薄弱，那就可以進一步考

慮投資的可行性。如果有一、兩項力量顯得強勁，就應該放手。在強與弱的兩個極端之間，存在著各種強度與性質的競爭狀況，往往需要經驗才能判斷。如果有所存疑，就不要勉強，應該另尋目標。

我的分析經常半途而廢。2015 年年初，我分析電動遊戲的大型連鎖店 GameStop。當時，有個力量促使我停止分析，那就是供應商的議價能力。2014 年期間，有三家電動遊戲發行業者，即索尼、微軟與任天堂，都分別掌握 GameStop 的 10% 以上存貨。毫無疑問的是，每當這三家業者推出任何新產品，GameStop 都必須販售。[8] 這讓供應商享有顯著的議價能力。

另一種讓我擔心的力量，是替代品的威脅。雖然有很多新的電動遊戲仍然透過商店販售實體版本，但也有愈來愈多遊戲透過網站販售、下載。當然，GameStop 也經營網站，參與虛擬世界的競爭。可是，整體趨勢發展顯示替代的下載管道對這些實體商品業者構成了嚴重威脅。

由於 GameStop 至少面對兩股強勁力量，我不再繼續考慮。就在我進行這項分析之後的短短兩年，時間長度幾乎還不足以有效驗證分析結果，股價就已經下跌了。

波特的五力模型確實很了不起，許多投資人幾乎直接引用未經調整的版本。可是，這套模型畢竟是針對產業而不是企業所設計的，因此我偏好使用我自己的修改版本。不論個人的偏

好如何，某些評估競爭力的架構，絕對有助於預測企業未來的獲利能力。

第三種定性工具，是我所謂的護城河辨識（moat identification）。護城河是保障企業免受競爭威脅的障礙，是一種持續性的防禦。

絕大多數企業都沒有護城河。護城河很罕見。想要找到某個歷史營運績效表現理想，而且又受護城河保障的企業，實在不容易。

任何擁有護城河的企業，則護城河必定有個來源，而且是特定、可辨識的來源。護城河有六種潛在來源。

第一種來源是政府，也就是政府授予某些企業的特權，譬如總部設立在美國西雅圖的林地 REIT 惠好公司（Weyerhauser）。惠好的主要業務之一，是管理加拿大 1,400 萬英畝的林地。

這不是惠好擁有的森林，而是惠好管理的森林。所有這些森林，都是所在地的加拿大省政府擁有，由省政府核發管理執照給惠好公司。

這些管理執照當然很有價值，賦予惠好公司砍伐與銷售林木的獨占權利。每張執照的有效期限長達 15 年到 25 年，而且可以延長。[9] 其他企業如果也想管理這些森林，可能要等待很長一段期間才能申請。惠好受到保障，擁有一座政府授予的護城河。

護城河的第二種來源是網絡。網絡由產品使用者或客戶累

積而成，如果企業能夠從產品的其他使用者創造產品效益，這種網絡結構就能形成護城河。

我們以來自舊金山的社群網站 Facebook 為例。人們加入 Facebook，是為了與朋友保持聯絡、分享照片等等。隨著他們所建立的關係網絡擴大，使用者便逐漸被 Facebook 套牢。他們一旦離開，就喪失了與其他人聯絡的管道。這讓 Facebook 擁有相當穩定的使用者點閱率，並且轉而銷售給廣告商。[10]

想要創立一個與 Facebook 競爭的新社群網站，技術上並不困難。可是，想要吸引 Facebook 使用者離開既有的社交圈子，恐怕不太容易。

護城河的第三種來源是成本。在某些情況下，企業享有競爭者所沒有的偏低成本結構。偏低成本結構可能來自於特有的製造技術、低廉的營運模式，或某種特殊的歷史背景。以南韓的鋼鐵製造業者浦項鋼鐵（POSCO）為例，這是南韓政府在 1960 年代因應國內需求而設立的鋼鐵製造廠。[11]

南韓政府提供土地給這家新創立的事業建造鋼鐵工廠。土地不僅**免費**，更不是一般的土地，而是座落在深水海岸邊的土地；因此，浦項鋼鐵完全不需仰賴內陸運輸就能夠取得鐵與煤等等關鍵原物料。[12]

相形之下，美國規模最大的鋼鐵公司美國鋼鐵（U.S. Steel）就必須自己購買土地。無論美國鋼鐵怎麼做，都無法與浦項鋼鐵因為沿岸廠房而享有的成本優勢競爭。在全球鋼鐵產

業裡，浦項鋼鐵的每噸生產成本最低，這也就不足為奇了。[13]

護城河的第四種來源是品牌。某些品牌享有如此堅實的市場基礎，以致消費者根本不會考慮其他替代品。最典型的例子就是瑞士食品製造商雀巢公司（Nestlé）生產的美極（Maggi）泡麵。[14] 在印度這個泡麵消費相當普遍的市場，美極的市占率超過一半。實際上，很多印度人甚至直接把泡麵統稱為「美極」。所以，品牌的認同一旦達到某種程度，自然會讓潛在競爭者望之卻步。[15]

相較於來自政府、網絡與成本結構的護城河，品牌所形塑的護城河往往更難以辨識。品牌的性質更微妙、更難掌握。想要評估品牌的力量，最好徵詢標的市場的消費者。

例如，印度人能夠體會美極的品牌威力。可是，對於那些和印度沒有關連的投資人，恐怕就會疏忽了。美極泡麵的市占率極高，即使與印度沒有連結的投資人也能夠辨識這一點；但是這個事實本身未必就代表護城河。市占率畢竟可能透過價格行銷而創造。那麼，對於遠方的投資人來說，如何辨識品牌所形塑的護城河呢？

徵詢標的市場的消費者。避免提到相關品牌的名稱，看看這些人會主動提到哪一些品牌。採用無輔助回憶（unaided recall）的問題，譬如：「你最喜歡哪一種泡麵？」

居住在加州帕羅奧圖的投資人，應該很容易找到美極泡麵標的市場的消費者。這個城市有許多印度移民，我只需要問問

足球隊裡的朋友就知道了。可是，透過社群網站，機構投資人通常可以接觸任何標的市場的消費者。

護城河的第五種來源是轉換成本。偏高的轉換成本，會對顧客產生強大的滯留效應。我們看看舊金山的資料庫軟體公司甲骨文（Oracle）。[16] 甲骨文的顧客長久以來都把資料儲存在該公司的系統，而且與本身的營運作業高度整合。任何企業如果想改用其他的資料庫軟體系統，就需要購買新的硬體設備、重新訓練員工、承受漫長的停機時間，還要重新整合新的程序。昂貴的轉換成本阻擋了客戶轉換供應商。[17]

護城河的第六種來源，就是我所謂的墨守成規（ingrainedness）。這就像品牌，但作用於通道，而不是終端使用者。如果業者與產業價值鏈之間創造了高度密切的整合，以致人們無法想像失去了這種整合時的產業面貌，則該企業就能夠因為這種墨守成規的做法而享有好處。

我們以瑞士的管道設備生產業者吉博力（Geberit）作為例子。該公司成立於 1905 年，透過多種措施讓公司與管道產業密切結合在一起。例如，該公司提供專業訓練課程，並核發證照，免費提供管道規劃軟體，而這些軟體當然會使用吉博力生產的零件。經由這些規劃，公司的產品與整個產業密切結合，潛在競爭者很難與之爭奪市場。[18]

就像品牌效應，對於通道系統外部的人來說，往往很難體會產業內這種墨守成規的營運模式。除非你是來自歐洲的水管

相關業者，否則可能根本不知道吉博力這家公司。所以，審慎的投資人往往需要詢問通道內的人士，提出開放性的問題，看看人們會主動提及哪一些企業名稱。

但是，這種情況相當罕見。再次強調，談到護城河，絕大部分企業都沒有。

第四種定性工具，是市場成長評估（market growth assessment）。想要判斷企業的市場是否成長，往往並不困難。這一點非常重要，如果企業的市場持續成長，假定其他條件不變，未來的展望絕對更亮麗。

至於精確的成長率，這類數據通常不必要，也沒什麼用。只要確實感受企業產品的需求持續增加，那就足夠了。這甚至可以單純仰賴人口自然成長造成的影響。

預測未來成長，需要有所節制。投資點子發展至此，想必已經通過數個階段的模型檢驗，投資人可能已經有熏然陶醉的感覺。市場成長評估或許會激發這種熱忱。投資人務必保持理性與務實態度，千萬不要被加速傾斜的曲線沖昏了頭。

這四種定性工具之間，顯然有所重疊。舉例來說，供應商的寬度分析，就像在評估供應商的議價能力。護城河辨識和替代品威脅之間存在顯著關連。可是，某種程度的重複，應該有助於避免某些重要因素被疏忽。

這四項定性工具已經清楚顯示，我偏好採用定性方法來評估企業的未來展望。可是，許多人偏好採用定量預測；他們利

用試算表計算期望營業收入、利潤、利率,以及其他種種數據。這相當於為虛擬的未來建構一份財務報表。我不喜歡採用這種方法,理由有兩點。

第一,這種程序相當困難。有效預測未來的價格、成本、市占率等等,實在很不容易。而且,這往往只是一種藉由數學運算所掩飾的純粹猜測。

第二,這可能弄得自欺欺人。虛擬建構的財務報表看起來非常正式,很容易讓人誤把精確(precision)視為正確(accuracy)。事實上,沒有人能夠明確知道未來的財務狀況。可是,投資人擁有部分權益的某一家事業,只要兼具理想的歷史績效衡量,並且掌握紮實的策略地位,則投資人的未來報酬理當不錯。

摘要

評估企業未來展望的四種定性工具:

❶ 寬度分析

❷ 力量分析

❸ 護城河辨識

❹ 市場成長評估

力量分析需要評估下列四種力量的強弱：

❶ 客戶的議價能力

❷ 供應商的議價能力

❸ 替代品威脅

❹ 新進者威脅

護城河很罕見，來源有以下六種：

❶ 政府

❷ 成本

❸ 品牌

❹ 網絡

❺ 轉換成本

❻ 墨守成規的產業環境

個案研究

通力公司

通力公司（Kone Oyj）是電梯與電扶梯製造與維修業者，公司總部在芬蘭，是該產業內規模最大的五大業者之一，銷貨主要來自亞洲與歐洲，中國就占據了銷售量的三分之一。

通力的歷史營業衡量相當傑出。即使根據保守的假設，公司的 ROCE 平均數也超過 20%，ΔFCF/FDS 平均數超過10%。策略性分析有助於判斷該公司績效是否能夠持續：

http://www.goodstockscheap.com/12.1.htm

首先是寬度分析。關於客戶，該公司的年度報告表示：「通力的客戶基礎包含大量客戶，涵蓋數個市場區域，沒有任何個別客戶占據通力銷貨的重大比例。」

這並不是很理想的陳述，因為沒有界定「重大」為 10%或更高。可是，這樣的説明已經足夠了，我們可以相當安全地推論該公司的客戶基礎足夠分散。

客戶基礎是否趨於整合？不太可能。營建客戶看起來不像會捲起某種形式的全球化整合。

供給商基礎是否足夠寬廣？年度報告在這方面的陳述，

甚至更不理想，譬如：「通力的零件供應商，以及全球供給產能，有一大部分座落在中國。」

所以，就像一般的情況，我們必須思考通力需要購置的物品；我們可以區分為產品與服務兩大類來思考。

產品是電梯、電扶梯，以及相關零件。針對這個部分，通力需要購買的是商品大宗物料，譬如橡膠、玻璃與鋼鐵等等；零件則由轉包商負責。大宗物料有許多來源。至於轉包商，雖然品質不一，但潛在來源基本上很多。

服務指的是電梯與電扶梯的維修，通力在這一方面需要購買的是勞工。勞動力的供需狀況如何？想要成為電梯服務技師，顯然需要經過一段訓練。可是，這和醫生的養成不可同日而語。完整的訓練期間可能是好幾個月，最多一年，但不可能長達十年或更久。換言之，通力的人力資源隨時可以擴張。

勞工是否組成工會？是的，就跟世界上大部分其他領域的情況一樣。可是，狀況還不至於像飛機駕駛員一樣，他們不僅組成工會，而且需要多年的訓練。所以，從外部投資人的觀點看來，服務供應商基礎雖然稱不上理想，但已經足夠寬廣，而且不太可能進一步整合，因此大致上令人滿意。總之，通力的寬度分析是及格的。

以上敘述或許已經透露，除了通力的年度報告之外，我還到處尋找了相關資訊。可是，我的資料來源是完全開放的，任何人都可取得。這一點稍後會詳細說明。

第二項工具是力量分析。同樣的，我們最好把通力劃分為兩個部分，即產品與服務。首先，我們從產品開始。

首先是客戶的議價能力。可是，前文的寬度分析已經很清楚顯示，通力的客戶數量很多，而且客戶不太可能進行向後整合。營造商與開發商不太可能自行經營電梯製造事業，因為這是另一個完全不同的領域，所需要的專業能力全然不同於管理摩天大樓或房地產開發。沒錯，資本財銷售的競爭非常強烈，但總體而言，通力的產品客戶議價能力並不強。

其次是供應商的議價能力。同樣的，先前的寬度分析也清楚顯示，通力的供應商基礎相當分散。另外，我們很難想像玻璃製造商或零件承包商等等能夠向前整合而邁入電梯製造業。另外，通力如果打算更換供應商，基本上不會涉及嚴重的轉換成本。證據是，我們看到通力的年度報告特別強調該公司「隨時準備好順暢地將關鍵零件的製造轉移至其他的生產線或供應商。」所以，通力的產品供應商議價能力並不強。

其次是替代品的威脅。換言之，潛在客戶是否能夠輕鬆選擇其他競爭業者的產品。營造商或開發商可以向數家全球性主要業者購置電梯，其中最大的業者包括奧的斯（Otis）、迅達集團（Schindler），以及蒂森克虜伯（ThyssenKrupp）。

至於其他兩種形式的替代品威脅，則不存在於通力的案例。稍做說明或許有助於理解。全然捨棄電梯不用，顯然就意味著使用樓梯。可是，所有的大型建築都需要高效率的運送設

備，讓人員快速到達任何樓層。即使所有的住戶都是運動健將，美國《身心障礙法案》之類的法律也會規定大多數建築安裝電梯。[19] 至於具備類似功能而全然不同的產品，除了直昇機或鷹架，似乎就沒有其他選項了。不過，這兩種東西在實務上也幾乎無法構成威脅。

可是，直接的替代品威脅，譬如來自奧的斯、迅達、蒂森克虜伯等其他國際性大型電梯業者的產品，則確實存在。所以，替代品威脅很強烈。

最後是新進者的威脅。電梯一旦發生差錯，那就是大差錯。突然停頓可能傷及脊椎；電梯門打不開，可能造成心理恐慌；電梯墜落，往往造成死亡。這些風險導致建商與開發商不敢冒險嘗試新進者。既有業者通常在安全性方便占有顯著優勢，任何新進業者都必須克服這方面的障礙。所以，新進業者的威脅不大。

讀者可能會質疑：奇異電器又如何呢？這是一家普遍獲得信任的企業。如果奇異電器進軍電梯製造事業呢？如果是德國的西門子呢？

一針見血！我強調新進者可能面臨的障礙，在某種程度上只代表我個人的意見。在我看來，新的電梯製造業者面臨的挑戰絕對超過新品牌的馬鈴薯片，因為後者失敗的代價較低。

可是，這些都只是意見。新進者的威脅、營業租賃資本化的折現率、董事報酬的適當性等等，這一切都涉及個人的判

斷。主觀是不可避免的。這就是投資。

　　至於通力的服務事業，首先關注的是客戶的議價能力。通力提供的大多數新設備，都附帶一年的維修服務。所以，客戶在最初的 12 個月內沒有什麼誘因採用外部服務。12 個月之後，絕大部分客戶都會和通力簽署商業維修契約。這些契約到期時，客戶也通常會續約。

　　我們不難理解通力設備的客戶寧可選用通力服務的原因。首先，相較於其他的獨立服務業者，公司對於自己的產品總是擁有最及時的技術知識。另外，通力應該更容易取得自己專有的替換零件。這也是通力服務事業的客戶議價能力有限的原因。

　　接著，我們考慮服務供應者的議價能力。寬度分析顯示供應商基礎相當分散。向前整合雖然可以想像，比如服務技師可能離開通力而創立自己的維修服務站，但這種情況不至於造成員工集體離職。對於離職的服務技師，通力應該不難補充人力，這方面的轉換成本並不高，最多損失一些過去付出的訓練成本。基於這些理由，通力的服務供應商，也就是勞工，所擁有的議價能力也相當薄弱。

　　接著分析替代品的威脅。通力的某些設備客戶確實採用獨立業者提供的服務。可是，新設備附帶一年期的維修服務，意味著直接替代品在短時間內不至於造成威脅。一年之後，維修服務延長的比例很高。所以，新維修合約一旦簽訂，直接替代

品的威脅也很有限。事實上，直接替代品的真正威脅，只會發生在合約交替的接縫期間。

至於其他替代品的威脅，完全捨棄基本上是違法的，政府規定電梯必須維修。就美國加州為例，工業關係部每年都會檢查電梯。[20] 維修不良的電梯無法通過檢測，實際上將會造成建築被令停用。至於採用類似功能而全然不同的替代品，這類服務基本上不存在。所以，替代品的威脅薄弱。

最後是有關新進者的威脅。技師只要準備少量資本，招募少數客戶，就可以成功設立小規模的服務站。所以，進場並沒有明顯的障礙。成功的門檻也不高。小型服務站很容易在特定社區建立良好聲譽而立足。事實上，通力經常併購這類初創事業；2015 年就完成了 23 筆這類併購，前一個年度則進行了 17 筆。這些事業大多數是區域性的維修業者。[21] 就併購活動的型態觀察，新進者的威脅相當強烈，至少就個別市場而言。

整體而言，通力的力量分析結論如何呢？在產品方面，只有一種力量特別強烈：替代品的威脅。更明確地說，來自奧的斯等競爭業者的直接替代威脅。這一點將直接反映在新設備的競價上。可是，其餘的三種力量都相當薄弱。

至於服務方面，只有新進者威脅呈現顯著力量。可是，這方面的威脅只發生在地區性市場，而且其他三方面的力量都相當薄弱。所以，對於嚴謹的投資人來說，通力看起來是相當不錯的。

第三項工具是護城河辨識。就通力的產品事業來說，電梯與電扶梯的大部分零件都有專利。所以，零件更換通常需要向通力購買，不論是直接購買或間接透過地方服務業者。

至於通力的服務事業，相較於其他競爭者，顯然擁有技術知識與專業零件的優勢。所以，維修服務續約的比例很高。

所有這些因素都顯示，通力的護城河是來自於轉換成本。對通力設備的使用者來說，如果完全不想和通力往來，就必須把電梯或電扶梯替換成其他廠家的產品，而成本相當昂貴。

乍看之下，政府似乎是通力護城河的來源之一，因為政府規定電梯必須進行維修。可是，政府並沒有規定維修服務必須由通力提供，情況不同於加拿大政府規定惠好公司作為林地的管理者。

可是，即使排除政府的因素，通力仍然享有護城河，來源是轉換成本。

第四項工具是市場成長評估。單是人口成長，可能就足以讓通力的市場呈現不錯的成長。可是，另外兩種發展趨勢，可能讓市場成長更趨於樂觀。

第一是都市化的趨勢。人們往都市移動，而都市的土地較昂貴，因此興建更高的樓層。高樓大廈愈多，自然需要更多的電梯與電扶梯。

另一種發展趨勢，是人口老化。人口平均壽命延長，對老年人來說，爬樓梯會愈來愈困難，老年人寧可選擇居住在單一

樓層的大樓住宅，而不是兩、三層的獨棟住宅。基於這些理由，通力的市場成長狀況似乎相當樂觀。

總之，四種定性工具分析結果顯示，通力的情況很理想。該公司呈現的優異歷史績效表現很可能繼續延伸。投資人可以引用價值投資模型，繼續研究通力公司。

我個人和電梯之間的關係，就僅僅是個乘客。我從來沒有購買、推薦、修理或更換任何電梯。我從來不曾踏入通力目標市場。可是，為了進行這四項定性分析，我必須設法取得相關資訊；我運用了兩個管道。

第一個管道，是通力的投資人關係部。我發了電子郵件向他們請教某些問題。通力出售的新設備，有多少比例附帶維修服務契約？這些服務契約的期限多長？有多少勞工隸屬於工會？這類能夠給予明確答案的問題，最適合詢問投資人關係部。

第 2 章提到，上市公司的投資人關係部可能非常樂於協助，也可能全無回應。通力就是很典型的例子。該公司的回應速度與完整程度，讓我有點受寵若驚。這無疑會影響我對這家公司的看法，但這也是理所當然的。我們知道，企業投資人關係部的回應方式，本身就是答案的一部分。

另一個資訊管道，則是目標市場內的人士。舉例來說，我打電話給某位在加州地區負責數棟建築電梯維修服務的人。我說，我正在進行一項有關電梯製造廠的投資研究，而且對電梯

的事務一無所知，但我知道他是專家，希望能夠請教他的看法。經過坦率的溝通之後，我得到了非常多資訊，這絕對不是一般證券經紀商所能提供的。

人們總是渴望發表意見。所以，傾聽意願是投資人最有用的工具之一。投資人只要願意傾聽，那麼只要花費一些時間，就能深入瞭解一些事情。

<hr>

◆ ◆ ◆

CHAPTER

13

股東友善

我瞭解這家公司嗎？ →	這家公司好嗎？
產品	歷史
顧客	ROCE
產業	FCFROCE
形式	ΔOI/FDS
地理	ΔFCF/FDS
狀態	ΔBV/FDS
	ΔTBV/FDS
	負債對權益比率
	未來
	寬度分析
	力量分析
	護城河辨識
	市場成長
	股東友善
	薪酬與所有權
	關係人交易
	買回庫藏股
	股利

　　如果企業展現的歷史績效衡量符合理想，而且策略分析顯示未來很可能繼續保持優異表現，則我們有理由給予樂觀的整

體評價。最後，投資人應該檢視相關企業**對股東的友善程度**。

　　一家對股東友善的企業，可以讓外部股東的利益獲得保障。這類企業會分配某種形式的自由現金流量給投資人。評估企業對待股東的友善程度，可以根據四項指標，進行定性的檢驗程序。

　　這些指標並沒有明確的參考基準。換言之，我們無法設定某個臨界值，然後觀察企業表現是否超越臨界值而判斷該企業對股東的友善程度。反之，投資人應該綜合觀察這四項指標，再根據經驗進行整體判斷。

　　第一項指標是薪酬與所有權。企業高級主管與董事會成員如何支領薪酬與獎勵。我們希望這些獎勵盡可能與外部股東的利益一致。

　　在理想的情況下，高級主管應該支領合理的薪資。董事會成員則按照他們提供的服務支領酬勞。另外，他們也運用自己的資金，按照市場價格購買公司股票，而且所持有的公司股票占據他們個人總資產的大部分。

　　可是，實際情況經常偏離這樣的典範。企業最高主管往往支領天文數字的薪水，八位數的薪酬很普遍，尤其是美國企業。另外，董事每年領取的薪酬，往往高達五、六十萬美元。

　　另外，美國企業盛行股票選擇權計劃。這些計畫讓選擇權持有人按照顯著偏低的價格購買公司股票，然後立即以高價賣出。企業主管與董事因此可以享有公司的上檔獲利潛能，卻不

需要承擔對應的下檔虧損風險。這種穩賺不賠的安排，絕對不代表一般投資人的利益；如果有任何意見主張這種制度能夠形成激勵，那都是笑話。

即使內部人士按照市場價格購買股票，我們也很難知道個人投資組合的規模有多大。執行長的總財產如果有 50% 和公司綁在一起，相較於只有 5% 的情況，他的行為當然更可能符合股東利益。

根據多數國家的規定，企業主管必須公開披露薪資報酬。這些資訊應該刊載於年度報告，或揭露於委託聲明書（proxy statement）之類的參考文件。不幸的是，這類資訊經常埋藏在浩瀚的文字之中。美國企業的委託聲明書往往多達 50 頁，其中可能有三分之一頁說明管理層的薪酬。

更方便的做法，是搜尋薪酬摘要表（summary compensation table）。這份精簡表格會列示每位公司高級主管最近三年支領的所有薪酬。最右側欄位會加總每位主管支領的薪水、紅利與股票相關薪酬。

披露與認可是不同的兩回事。沒有審核單位或政府機構會評定薪資待遇的適當性。投資人需要自行評估。

我關注的是支領最高薪酬員工的總金額。我不管其中有多少是薪水、多少是紅利，或多少是股票。我知道薪酬待遇通常會包裝得像老鼠迷宮的終點擺置的乳酪。這也是我只看最高金額的原因。

關於這個金額的評估，我的標準是浮動的。我目前的標準是 $30,000,000，或自由現金流量與淨利較低者的 5%；如果超過這個標準，我就不考慮。我不認為營業收入金額具有參考意義。經營者的豪宅大小，不必隨著營業額調整。

另外，揭露的還有董事會成員收取的酬勞。在股東委託聲明書上搜尋「director compensation」（**董事薪酬**）一詞。我關注的是外部董事的最高薪酬。**外部**意味著該董事不是公司的全職員工，通常是**非執行董事長**（non-executive chair）或**首席獨立董事**（lead independent director）。

目前，我希望看到外部董事支領的年度總薪酬大約在 $250,000 左右。如果超過這個標準的兩倍，我就放手。

這些標準，比如最高主管的 $30,000,000，以及董事的 $500,000，都是就美國企業的情況而設定的數值。對某些國家來說，這個標準可能高得離譜。舉例來說，挪威的大型上市公司董事所支領的年度薪酬往往低於$100,000。所以，這些費用必須根據個別脈絡考量。

企業主管薪酬與股東長期報酬，兩者之間並不存在必然關連。令人難以置信的薪酬待遇，已經變成常態，而且獲得制度性的肯定與強化，幾乎所有的企業，無論經營績效優劣，都被影響。

另外，企業主管的薪資報酬只占據企業整體費用的一小部分。最高主管支領 $5,000,000 或 $10,000,000 的薪酬，對於營

業收益高達$1,000,000,000 的企業來說，影響實在不大。在每股盈餘的層面上，根本感覺不出差異。既然如此，我們為什麼需要在意呢？

因為薪資報酬提供一個難得的窗口，讓外部投資人窺探企業高層的決策程序。企業主管與董事如果允許自己支領高薪，通常也就會有一些其他的誇張舉動。例如，他們可能同意支付偏高的價格進行併購。為什麼？他們通常不會為了反對同事們主張的併購交易，而損害自己支領高薪的職務。

有才華的生意人通常不吝惜給自己高薪。可是，超額薪酬也可能成為危險的推手，引發的後續效應可能傷及外部股東。經營者支領過高薪酬的現象或許還可以忍受，但支付過高價格進行併購，則會摧毀公司。我偏好那些支領適當薪酬的管理團隊，原因就在這裡。這種偏好讓我錯失某些機會，但也讓我避開一些災難。這就是個人的取捨。

所有權也是考慮因素之一。企業高級主管與董事如果持有大量的公司股權，通常代表正面徵兆。

我們很容易查明公司內部人士的持股狀況。在 10-K 文件或委託聲明書搜尋「beneficial」（受益）一詞，就可以找到標題相當冗長的圖表——「管理者與特定受益所有人的證券持有狀況」（security ownership of management and certain beneficial owners）。我們只需要留意那些持有股權的企業高級主管與董事。投資機構如果持有超過某個百分率的股權，就會出現在圖

表內，但我們應該忽略；這些機構不是企業的經營者。

針對美國以外的企業，可以在年度報告裡搜尋「shareholder」（股東）與「ownership」（所有權）。

顯著數量的內部人士按照市場價格買進公司股票，代表正面的徵兆。這類資訊通常披露在金融網站的內部人士交易部分。請注意，如果按照非公開市場價格買進，則通常是執行選擇權。這類交易當然不會提升公司的股東友善程度。唯有透過公開市場購買股票，才有正面意義。

內部人士**出售**股票，絕對不代表正面徵兆，但也未必蘊含負面意義。企業董事可能為了籌措子女的大學教育費而賣出持股。高級主管可能賣出股票以清償房屋貸款。擁有企業絕大部分股權的創辦人，可能基於個人理財規劃而逐月賣出股票。當然，如果多名董事同時拋售持股，情況可能不妙。可是，例行性的賣出行為，很難歸納明確結論。

評估股東友善程度的第二項指標，是關係人交易（related-party transactions）。所謂的關係人，是指與企業往來且存在利益衝突的人。譬如某個供應商同時也是公司董事，這就是典型的關係人。

關係人交易未必是壞事。如果能夠按照公平條件協商，那就沒有問題。所謂的公平條件，是進行真正必要的交易，而且遵照市場價格水準進行。

一般來說，這類交易的筆數與規模，以及披露內容的模糊

程度，通常都和股東友善程度之間呈現反向關係。如果只有一、兩筆小額的關係人交易，而且內容說明得相當清楚，則傷害外部投資人的可能性就應該不高。

關係人交易很容易發現。針對委託聲明書搜尋「related」（**相關**）或「relationships」（**關係**）等詞語，通常就會看到涉及租賃、顧問或聘僱的資訊。

以租賃相關的資訊為例，在某些情況下，公司可能向高級主管或董事承租該人員直接或間接擁有的房地產。例如，瑞典服飾零售商 H&M 的某些店面是公司向董事長承租的。2015 年的公司年度報告顯示，這類租賃總值為 436,000,000 瑞典克朗，[1] 大約相等於 $52,000,000。

這是相當大的一筆金額。這些往來是否反映市場價格？很難說。雖然報告裡有相當充分的資訊披露，包括這些店面的地址，但沒有面積數據。

想要概略檢視這些交易是否合理，可以計算公司的租賃費用有多大比例由內部人士收取。H&M 的年度報告顯示，2015 年的租賃費用總計為 20,554,000,000 瑞典克朗。[2] 董事長的不動產所收取的租金大約只占前述金額的 2%，這至少證明 H&M 即使特別照顧董事長，金額也非常小。這個證據，加上年度報告披露的具體地址，顯示這方面的交易並不存在什麼大問題。

顧問服務是另一類常見的關係人交易。在某些情況下，董

事可能為公司提供特殊的顧問服務。以美國西雅圖的零售商好市多（Costco）來說，某位董事在 2015 年曾經取得公司支付的顧問費 $300,000。[3] 這筆費用是否太高？涉及多少個鐘點的顧問服務？公司沒有提供相關細節，而這一點本身就代表負面含意。可是，有時候不妨暫時擱置這類事情，稍後再配合其他較明確的股東友善指標進行判斷。

聘僱是第三種可能發生問題的關係人交易。企業職位有時候會落入內部人士的家族成員所掌握。公司職務往往一代傳一帶。H&M 目前的老闆是公司創辦人的孫子。[4] 總部設立在洛杉磯的娛樂企業 21 世紀福斯（Twenty-First Century Fox），兩位資深高級主管就是前董事長的兒子。[5] 跨越到美國的另一端，最大的信封製造商森維歐（Cenveo）的兩位高級主管，也是董事長的兒子。[6] 這是不好的現象嗎？

每個國家的情況不一樣。在瑞典，企業「王朝」往往被視為某種施行仁政的君王傳統。換言之，他們認為這是企業長期展望的延續，也是外聘的經營者所無法達成的。這種見解讓許多美國人深感訝異；在美國人眼中，這種世襲王朝將破壞用人唯才的文化，因為最勝任的人往往不是王者的後代。

我不太相信這種企業管理的世襲王朝，但也不認為有必要全然排斥。企業如果不健康，自然會顯露某種徵兆——可能導致 ROCE 下降，或高級主管的薪酬上升。糟糕的經營者，應該會造成糟糕的營運後果，不管他們來自哪一個家族。所以，

我會留意企業任用家族成員的不良後果，但不會預先認定某些姓氏就是蠢蛋。

幾乎所有的關係人交易，都會提供某種強調公平的保證。例如，「此乃按照市場價格水準與正常程序進行的交易。」

這類說辭未必具有說服力，因為缺乏充分的細節資料。我們不知道商店面積、工作時數，或後代子孫的智商。可是，這也沒問題。我們沒有必要知道一切。我們只想要避開赤裸裸的掠奪。我們只希望企業沒有將不當紅利偽裝成其他東西。

某些國家對關係人的界定非常寬廣，但這其實沒有必要。舉例來說，關係人可能包含附屬機構。我們沒有必要考慮企業與其附屬機構之間的交易；這些交易屬於常態，不至於產生類似內部股東交易的利益衝突。

評估股東友善程度的第三項指標，是企業買回庫藏股。很多投資人認為，企業在公開市場買回庫藏股，具有正面意義。或許如此，但前提是價格必須低於內含價值。

不論從哪一個層面觀察，低價買回都是好事。這就類似我們一向來鼓吹的投資：以低於價值的價格買進。每當企業減少分母（股數）而提升每股淨利金額，股東就能享有稅金的正面效益。股價會被推升，因為市場上對企業盈餘具備請求權的數量（股數）已經減少。股價上漲的效益不像股利，不會依據來源與收取者而被課徵所得稅。

可是，買回庫藏股的價格如果不低於內含價值，對外部投

資人就不會構成效益。這種行為帶來與高價併購相同的破壞力。這實際上就是高價併購。

即使股票沒有呈現折價，企業經營者往往還是有動機買回庫藏股。這跟獎金有關。有些公司分配的紅利取決於每股盈餘水準。所以，運用自由現金流量在公開市場買回庫藏股，企業主管能夠因為每股盈餘增加而享有好處，即使總收益並沒有增加。

股票選擇權計畫通常會加劇這種情況。如果股票的市場價格能夠維持在每股盈餘的某個倍數，換言之，本益比得以維持在固定倍數；在這個前提下，買回庫藏股會導致股價上漲，企業高級主管因此可以執行選擇權，然後立即出脫股票獲利。

會計手段進一步促成這種遊戲。買回庫藏股的行為，會顯示在資產負債表。資產方面的現金會減少，股東權益則減少對等數量。買回庫藏股也會影響現金流量表，融資現金流出增加。可是，這項行為不會顯示在損益表。報表上不會發生任何費用。換言之，企業高價買回庫藏股時，會計程序並不會提出警告。

買回庫藏股通常會對 ROCE 產生短期的渦輪增壓效果，原因就在這裡。分母數值減少，但分子不變。

買回庫藏股的相關資料，會顯示在年度報告與 10-K 文件。搜尋關鍵字「repurchase」（買回）。

企業買回庫藏股時，最常見的理由，是為了抵銷股票選擇

權計劃。當企業發行新的股票選擇權,可以同時買回庫藏股,使充分稀釋股數大致上維持不變。

我在這裡將這種說辭提名為金融史上最荒唐的藉口之一。運用公司的現金,把外部股東的股票轉移給內部人士——這種行為有個名字,叫作偷竊。總之,買回庫藏股只有一種適當理由,就是股票價格顯著低於價值。至於如何衡量股票的價值,請參考下一章的討論。

股利是評估股東友善程度的第四項指標。很多投資人認為,發放相當數量的股利,是證明企業友善對待股東的象徵。或許真是這樣,不過,股利也有些缺點。

首先,前文已提到,股利需要課稅。股利的發放時間與金額,基本上由公司決定;因此,股利對股東造成的稅金負擔,基本上不在股東的控制範圍內。買回庫藏股的情況則不同;買回股票所造成的每股盈餘增加,對股票價格造成上升推力,股東可以根據自己的狀況選擇獲利了結的時機。舉例來說,投資人可以選擇低所得的年份實現資本利得,就可以適用較低的稅率。或者,投資人可以趁著居住在低稅率區域時賣出股票。股利則缺乏這種時間選擇。

分配股利還有另一個問題,這種決策往往代表公司沒有繼續發展的好機會。如果企業內部有創造高報酬的投資機會,資金自然會再投資。所以,資金如果沒有再投資,可能就代表沒有好機會。或許,所有好機會都消耗完了。

這種概念特別常見於那些閃亮產業。據說這是產業內的公司不分配股利的理由。大家都說，內部成長機會實在太好了。矽谷充滿不發放股利的企業。

企業如果處於成熟的產業，股價已經充分反映價值，而且長久以來都保有充裕的自由現金流量，在這種情況下發放股利，通常最能夠展現企業對股東的善意。

將股利視為定性因素，看起來似乎有些奇怪。股利畢竟是數值。股息殖利率（dividend yield），即年度股利除以目前股價，通常被視為統計量。可是，股利是一種可以發揮其他用途的現金。現金可以買回庫藏股、提升成長資本支出、併購其他事業等等。所以，股利最好被視為股東友善拼圖的其中一塊，不應該被過度簡化為某個百分率。

世界各地採用的股利政策大不相同。就歐洲來說，企業通常會預先設定收益的某個百分率作為分配給股東的股利。這種情況在美國比較罕見；美國企業發放股利時，金額通常由公司自由決定。

法律也會造成影響。以德國為例，企業除非賺錢，否則不能分配股利。[7]美國的情況則不同，有些美國企業甚至為了繼續發放股利而不惜舉債。所以，關於股利政策的評估，還必須考慮不同的習慣、預期、法規等等。

同時從各種角度觀察，這四項指標能夠可靠地評估企業對待股東的友善程度。某家企業沒有支付股利，唯有在股價大跌

時才買回庫藏股，經營者支領適當的薪酬，高級主管持有公司的三分之一股權，這些行為應該被視為股東友善的指標。反之，企業高價買回庫藏股，每年支付每位外部董事的酬庸高達$600,000，向公司創辦人高價承租辦公室，這些做法顯然對股東不友善。我們經常看到各式各樣的案例，有了經驗就更容易評估。

摘要

關於企業對待股東的友善程度，可以根據下列四種指標進行定性評估：

❶ 薪酬與所有權

❷ 關係人交易

❸ 買回庫藏股

❹ 股利

◆ ◆ ◆

個案研究
斯沃琪集團與化石集團

斯沃琪集團（Swatch Group SA）是全球營業收入金額最高的製錶業者，總部位於瑞士，公司擁有的最著名品牌包括浪琴（Longines）、Omega，以及 Swatch：

http://www.goodstockscheap.com/13.1.htm

化石集團（Fossil Group, Inc.）是來自美國德州的另一家主要製錶業者：

http://www.goodstockscheap.com/13.2.htm
http://www.goodstockscheap.com/13.3.htm

這兩家企業展現全然不同性質的股東友善，我們可以透過前述四項指標進行檢視。

首先考慮薪酬與所有權。2015 年，斯沃琪內部支領最高薪酬的人是公司執行長，金額為 6,878,700 瑞士法郎，[8] 美元金額大致對等。這個薪酬高於瑞士平均水準，但在美國並不算特別高。

支領最高薪酬的董事是董事長，金額為 4,421,951 瑞士法郎。[9] 可是，在斯沃琪，這是一份全職的主管工作。更值得參考的是支付給外部董事的最高薪酬，這項數據是 174,996 瑞士法郎，[10] 美元數值大約相當。所以，沒問題。

　　至於所有權，斯沃琪的年度報告顯示，2015 年年底，公司高級主管與董事集體持有 56,709,793 股記名股票（registered shares）與 2,800 股無記名股票（bearer shares）。[11]

　　這兩類股票之間的差別，可能需要稍做解釋。無記名股票代表的經濟利益，是記名股票的五倍。換言之，某年的無記名股票每股盈餘如果是 20，則記名股票的每股盈餘就是 4。所以，公司主管與董事就經濟利益來說，相當於集體擁有 11,344,759 股的無記名股票，也就是 56,709,793 除以 5，加上 2,800。

　　搜尋關鍵字「diluted」（稀釋），顯示 2015 年斯沃琪的平均充分稀釋記名股有 120,069,686 股，不記名股則有 30,308,846 股。[12] 所以，這意味著加權平均的充分稀釋無記名對等股數為 54,322,783 股。把前一段的 11,344,759，除以 54,322,783，結果是 21%。所以，斯沃琪公司高級主管與董事集體持有大約五分之一的股權，相當合理。

　　我們再對比化石集團的情況。2015 年支領薪酬最高的主管，是公司的執行副總裁，薪酬為 $4,268,722。[13] 就美國水準而言，這種薪酬並不特別高。最令人訝異的是公司執行長的薪

酬，過去三年的每年總薪酬為零。[14]

化石的 2015 年董事薪酬也非常讓人滿意。支領最高薪酬的主要獨立董事，領取的金額是 $234,931。[15]

關於所有權，化石集團董事與高級主管的集體持有股權將近 14%，雖然低於斯沃琪，但這個水準仍然相當不錯。可是，化石委託聲明書提供進一步的資料顯示，執行長一人就持有 12.5% 的股權。[16]雖然我們不清楚這些股權占據他個人財富的多少比例，但擁有一家主要製錶事業的八分之一股權，絕對不會是微不足道的比例。

接著，我們考慮關係人交易。針對斯沃琪的年度報告搜尋關鍵字「related」（相關），將得到下列結果：

「2015 年，海耶克（N.G. Hayek）繼承人團體海耶克集團（Hayek Group）向斯沃琪集團收取 1,020 萬瑞士法郎⋯⋯這筆金額主要為了支付他們對集團管理的支持。」[17]

N.G.海耶克是誰？他是斯沃琪集團的已故創始者。他的繼承人團體又是誰？董事長與執行長是他的子女，所以應該就是他們。這個團體擁有的機構在 2015 年收取相當於 $10,000,000 的款項，是否合理？這得取決於他們對集團管理的支持是什麼。

報告資料顯示，所謂的支持主要有四項：營造部門的專案管理；關於投資專案、成本控制、人工智慧顧問等評估的各種服務；審計、可行性研究與最佳化程序；以及行政職能。[18]

行政職能。這些職能，與斯沃琪集團董事長與執行長支薪執行的行政職能，是否重疊呢？但願不是。投資專案評估與成本控制又是什麼呢？這難道不就是管理者應盡的職責嗎？

所有這些現象都不意味著違法瀆職。可是，如果投資人想要拒絕某個投資點子，大可不需要等待違法瀆職的證據。投資人沒有義務尋找理由來證明某個現象是負面因素。企業倒是有義務提出證據，顯示某個現象是正面因素。

化石集團也揭露了一筆關係人交易。2015 年，某個董事的兒子接受 $259,713 的現金付款，以及 1,045 股限制型股票。這是因為他是化石集團亞洲太平洋部門的員工。[19] 他賺取很高的薪酬，但沒有不當的徵兆。所以，化石的關係人交易看似無害。

接著，我們看看買回庫藏股的情況。在斯沃琪的年度報告裡搜尋關鍵字「repurchases」（買回），結果在財務報表的註腳看到標題為「庫藏股」（treasury shares）的說明。這是買回公司股票時常用的名詞。庫藏股就是已經買回而尚未註銷的股票。這些股票可以重新發行。

根據註腳的內容，斯沃琪在 2015 年買回 77,000 股記名股票，以及 65,000 股無記名股票。[20] 所以，總共買回相等於 80,400 股無記名股票，也就是 77,000 股除以 5，再加上 65,000 股。換言之，斯沃琪在 2015 年買回的庫藏股數量，還不到加權平均充分稀釋股數的 1%。

買回庫藏股總共花費了多少成本？我們可以查閱 2015 年的現金流量表。有個科目稱為買回庫藏股（purchase treasury shares）。這屬於融資現金流出，金額總計為 28,000,000 瑞士法郎。[21]

搜尋前一年的年度報告，我們發現斯沃琪前幾年也曾經買回庫藏股，可是數量不多。2014 年，該公司買回 385,000 股記名股票，以及 164,000 股無記名股票，總計相當於 241,000 無記名股票，總價值是 107,000,000 瑞士法郎。2013 年，公司買回 17,800 股記名股票，沒有買回無記名股票，總計相當於 3,560 股無記名股票，總價值為 2,000,000 瑞士法郎。[22] 所以，過去三年來，該公司買回庫藏股的數量，還不到加權平均充分稀釋股數的 1%。

化石集團也買回公司股票。該公司的 10-K 文件列舉數份買回股票計畫（repurchase plans），以及幾筆不同的買回（repurchases）。後者才是重點所在。報告首先顯示化石公司在 2015 年買回 281,000 股，價值為 $28,800,000。2014 年，公司買回 4,100,000 股，價值為 $435,000,000。2013 年買回 4,900,000 股，價值為$536,300,000。另外，根據較新的買回計畫，該公司買回了 2,400,000 股，價值$200,700,000。[23] 所以，就 2015 年的加權平均充分稀釋股數 48,924,000 股計算，[24] 該公司最近三年買回的股票幾乎占了五分之一。

這是個相當大的數量。公司的行為是否有利於股東呢？除

非買進價格低於實際價值，才對股東有利。

最後，我們考慮股利。2015 年，斯沃琪支付給每股無記名股票的股利是 7.50 瑞士法郎，至於經濟價值只有五分之一的記名股票，股利則是 1.50 瑞士法郎。[25] 斯沃琪的現金流量表顯示，支付股利的總金額為 407,000,000 瑞士法郎，[26] 遠超過斯沃琪買回庫藏股的花費。

反之，化石集團沒有支付股利。事實上，化石集團從來沒有支付任何股利。[27]

我們選擇探討斯沃琪和化石公司，並不是因為這兩家公司截至目前為止順利通過價值投資模型的檢視。剛好相反，這兩家公司都有問題，可能在更早階段就被排除在外。舉例來說，面臨智慧型手機的挑戰，市場成長評估已經變得高度不確定。我們觀察這兩家公司的原因，在於兩者之間呈現有趣的對比。

對於每個案例，我們沒有必要考慮每一項股東友善指標。有時候只需要考慮那些特別引人注目的因素。哪些指標特別顯眼？

就斯沃琪來說，最顯眼的就是該公司與高級主管所屬的機構進行的關係人交易。那是高達 $10,000,000 的費用，不可能微不足道。我們無從得知這筆交易是否值得股東慶幸。

其次，斯沃琪高級主管支領的薪酬，就瑞士的水準來說顯然偏高。這一點原本可以被忽略，但基於關係人交易的考量，則顯得礙眼。

最後，值得注意的是一項正面的訊息：管理團隊擁有大量股權。

至於化石公司，最值得注意的因素是買回庫藏股。過去三年來，該公司花費十多億資金買回公司五分之一的股權。稍做估計，就可以發現每股平均買進成本大約 $103。這個價格是否便宜，下一章將會討論。

化石公司另一個值得注意的議題，是最高主管的薪酬。情況看起來不錯。薪酬最高的經理人待遇恰當，企業執行長甚至自願提供免費服務。另外，他還擁有公司八分之一的股權。他不太可能為了支領股利而偷偷擁有這些股票，因為這些股票根本沒有分配股利。

沒有發放股利，是化石公司第三項值得注意的地方。從這個角度觀察公司買回庫藏股的決策，意味著管理團隊相信自由現金流量更值得用來買回股票，而不是發放股利。

在我看來，斯沃琪未必對股東友善；化石公司則可能相當友善，前提是買回股票的成本 $103 實際上遠低於每股價值。

一項不確定指標，可能就足以驅使態度嚴謹的投資人放棄某個投資點子。股東友善程度並非取決於四項指標的平均值，而是根據最糟指標界定。守法者無從抒解犯法者造成的危險，而且也不該如此。評估股東友善程度，畢竟只是想回答一個基本問題：我希望與這些人往來嗎？

◆ ◆ ◆

股票價格

我瞭解這家公司嗎？	→	這家公司好嗎？	→	價格便宜嗎？
產品		歷史		MCAP/FCF
顧客		ROCE		EV/OI
產業		FCFROCE		MCAP/BV
形式		ΔOI/FDS		MCAP/TBV
地理		ΔFCF/FDS		
狀態		ΔBV/FDS		
		ΔTBV/FDS		
		負債對權益比率		
		未來		
		寬度分析		
		力量分析		
		護城河辨識		
		市場成長		
		股東友善		
		薪酬與所有權		
		關係人交易		
		買回庫藏股		
		股利		

　　價值投資模型的第三步驟，就是提問最後一道基本的問題：價格便宜嗎？

沒有任何東西的價值是無限大的。即使是最棒的企業，我們也可能支付過高的價格。即使我們瞭解某家企業，發現這家企業絕佳無比，仍然可能因為支付過高的價格而導致投資不當。為了防範這種缺失，我採用價格衡量，總共有四種。

第一個衡量是自由現金流量的倍數，也就是資本市值（market capitalization，或 market cap）除以舉債自由現金流量（levered free cash flow），簡稱 MCAP/FCF。

這項衡量的分母是舉債自由現金流量，本書第 9 章已討論過，也就是營業現金流量減掉資本支出。請注意，這部分包含利息與稅金付款。

這項衡量的分子是資本市值，也就是發行股數乘以目前每股價格。

我們很容易找到上市公司的資本市值資料，多數金融網站都提供這項數據。如果有必要，也可以自行計算。首先從最近的季報或 10-Q 報告查閱發行股數，然後乘以目前股價。

請注意分子與分母之間的一致性。資本市值只代表股權的價格。舉債自由現金流量是企業支付債務人的利息之後，所創造的現金。因此，舉債自由現金流量是歸屬股票持有人所有。

理論上，資本市值是購買公司全部發行股票的總成本。可是，這個金額實際上被低估。這是因為目前股價只反映某些股東在不久之前願意接受的股票價值。可是，多數股東繼續持有，等待更高價格。

這個觀點可以在併購活動中獲得證實。記得 LinkedIn 公司嗎？第 6 章曾經引用該公司作為例子，說明某些會計處理原則。該章節的內容在 2016 年春天撰寫，LinkedIn 股票價格當時大約 $135。同年夏天，微軟公司宣布併購 LinkedIn，每股價格 $196。[1]

微軟為什麼不支付 $135 就好呢？因為 LinkedIn 有很多股東並不願意按照這個價格賣掉持股，只有那些賣出意願最強烈的人才會接受。想要引誘股東出脫股票，就必須出高價。這也就是經濟學家所謂的較高保留價格（reservation price）。

第二項價格衡量，是企業價值對營業收益（enterprise value to operating income）比率，簡稱 EV/OI。

這項衡量的分母是營業收益，這是本書第 8 章討論的主題之一，也就是營業收入（revenue）減掉銷貨成本（cost of goods sold），再減掉營業費用（operating expenses）的餘額。請注意，這項收益並沒有扣減利息或稅金費用。

這項衡量的分子是企業價值，也是理論上的併購價格。這是人們購買整家企業（不只是發行股票）所支付的代價。一旦支付了這個價格，就再也沒有任何一方擁有該企業的財務請求權。換言之，再也沒有外部普通股持有人、沒有特別股持有人、沒有附屬機構的少數合夥人、沒有債券持有人、沒有銀行債權人，完全沒有。

企業價值是相當棘手的概念，理由有兩點。第一，這是根

據當時市場價格推演而得。所以，就名稱來說，並不符合價值投資所區分的價格和價值概念；稱為企業價格似乎更合理。

第二，企業價值相對難以計算。原則上，企業價值等於資本市值，加上所有特別股的市場價格、非控制股權，還有債務，然後減掉現金。

跟資本市值一樣，金融網站也提供上市公司的企業價值。這類現成的數據相當容易取得，但是，如果想要針對相關企業做進一步的研究，最好還是自行計算企業價值。我們接著分析企業價值的構成部分，就能釐清其中道理。

企業價值的第一個成分是資本市值，我們已經充分理解這個概念。

其次是特別股（preferred equity，preferred stock，或preferred share），這是另一種類型的股票，支付的股利通常更穩定。企業如果發行特別股，就會歸入資產負債表的股東權益部分。想要查閱這方面的資料，可以採用最近期的年報或季報。

另一個成分是非控制股東權益（noncontrolling interest）。本書第 6 章與第 10 章提及了這個概念。非控制股東權益就是附屬機構中公司未擁有的部分，有時候又稱為少數股東權益（minority interest），因為這反映了少數合夥人掌握的所有權。關於這個部分，需要加入的數值顯示在最近的資產負債表上股東權益的部分。

財務報表顯示的非控制股東權益數據，通常並不完善。這種帳面價值未必代表少數合夥人為了放棄股權而願意收取的價碼。所以，這通常成為理論併購價格中一個奇怪的部分。儘管如此，這已經是我們所能夠得到的最佳估計量。

想要瞭解非控制股東權益必須被加進去的原因，需要稍微深入瞭解所投資對象的會計入帳方法（investee accounting）。

就會計程序來說，企業可以透過三種方式之一，處理所投資對象。至於採用哪一種方法，則取決於公司對所投資對象的控制程度。所謂的控制程度，是指公司在多大程度上擁有所投資對象。所以，會計處理方法通常取決於持股比例。

這顯然有瑕疵。所有權不代表控制權；不妨詢問某一家由同業大型上市公司擁有 10% 股權的初創事業。控制權的真正決定因素，是後續融資展望、客戶掌握程度、買斷的可能性等等。儘管如此，分析時通常還是採用所有權比例。

企業對所投資對象的持股比例如果少於 20%，則採用成本方法入帳。相關投資是按照成本，顯示在資產負債表的資產部分。

如果持股比例介於 20% 到 50%，則採用權益方法（equity method）。相關投資最初在資產負債表上按照成本入帳，一旦所投資對象有了淨收益，則淨收益按照持股比例納入企業的損益表。這部分通常稱為附屬機構盈餘（earnings in affiliate）。

如果採用權益方法，所投資對象就是該公司的未合併附屬

機構（unconsolidated subsidiary）。

如果企業擁有所投資對象的半數股權以上，則採用合併方法（consolidated method），所投資對象於是成為合併附屬企業（consolidated subsidiary）。所投資對象的營業收入與費用都合併處理，也就是併入企業損益表的營業收入與費用。損益表更下方會出現某個相關科目，可能稱為非控制股東權益的盈餘（earnings attributable to noncontrolling interest），這是所投資對象屬於其他業主的盈餘。換言之，這是公司未擁有的部分盈餘，因此必須被扣除。

損益表的上半部夢想企業擁有全部的附屬機構。下側部分則是美夢甦醒。

合併方法把所投資對象的資產與負債，全部併入企業的資產負債表。呈現在負債或股東權益部分的**非控制股東權益**，則糾正了所投資對象未被企業擁有的部分。

換言之，損益表上非控制股東權益的盈餘，對應著資產負債表上非控制股東權益。

與企業價值的計算最密切相關的，是合併會計方法。非控制股權會被加入，是因為損益表上的非控制股東權益的盈餘列在營業收入之下。所以，營業收益反映了 100% 的所投資對象所有權，但這完全是虛構的。可是，EV/OI 比率的分母既然不能察覺少數股東權益，分子就必須跟著向上膨脹。

企業價值的最後一個成分是債務，包括長期與短期債務，

也就是銀行貸款、債券、應付票據，以及所有的付息債務。需要加入的，是列示在近期資產負債表上負債部分的數據。

　　計算企業價值也需要考慮現金。最理想的情況，是扣減超額現金，也就是經營企業所不必要的現金。這部分應該被扣減，因為超額現金在理論上可以被用來買斷某些請求權，譬如債券持有人或少數合夥人的請求權。不妨設想為已經到位的併購融資。

　　可是，如第 7 章所討論的，我們很難判斷現金中有多少部分是真正的超額現金。因此，金融網站通常都假定所有現金都屬超額，因此減掉全部現金。然而，這是不是一個能夠充分解釋的決策。這麼做可能讓企業比真實情況看起來更便宜，因此造成併購價格過高的風險。投資人需要自行計算企業價值，理由之一就在這裡。

　　另一個問題是，資產負債表上類似於現金與約當現金（cash and cash equivalents）的科目，可能不只一個。例如，報表上可能還有流動金融資產（current financial assets）或投資證券（investment securities）。這些科目可能包含公開上市股票，乃至於債券基金投資。實際內容通常可以查閱註腳。

　　這些資產愈容易變現為資產負債表上顯示的價值，就愈適合被視為約當現金。如果有所懷疑，就假定不是。

　　如果實在不能確定超額現金的數量，不妨模仿我們處理運用資本的方式，計算兩個版本的企業價值：一個完全不扣減現

金的版本，以及另一個完全扣減現金的版本。兩個版本的企業價值都必須顯示價格便宜，才可買進。雖然這麼做可能讓好機會溜走，但至少不會讓潛在災難溜進來。

EV/OI 是特別睿智的衡量。就像運用資本，這項衡量不受融資方式所影響。資本市值為基礎的價值衡量則不同，這類衡量可能被資本結構扭曲。

MCAP/IO 或資本市值對營業收益比率就是一例。如果企業有很多債務，這項衡量就會顯得便宜，因為分子只包含普通股，沒有顯示買斷債券持有人、票據持有人與銀行債權人之請求權的成本。可是，企業價值絕對不會被資本結構扭曲。企業價值包含一切。

這突顯了我們第一項價格衡量 MCAP/FCF 的缺失。這個衡量在資本結構方面有所偏頗，單獨使用的話可能相當危險。可是，MCAP/FCF 仍然大有參考價值，因為展現了全然不同於 EV/OI 的觀點。EV/OI 所權衡的價格，是整體公司相對於權責發生制會計在計算利息與稅金之前的營運結果；MCAP/FCF 權衡的價格，則是普通股相對於現金收付制在計算利息與稅金之後的營運結果。兼顧兩者，比較不容易被迷惑。

不論是 MCAP/FCF 或 EV/OI，兩個比率的分母都是取自近期財務報表的數據。可是，某些企業所處的產業具有景氣循環性質。這些企業的產品需求會因為外部因素的影響而起伏。舉例來說，所謂外部因素可能是某種特定商品的價格。

景氣循環業者經常吸引投資人的注意，因為股價會在申報收益或營業現金流量下降之後暴跌。股價下跌的原因是產業陷入了下降循環。

相關產業如果真的具備景氣循環的性質，下降循環畢竟隨後會回升，景氣會恢復繁榮。所以，比較目前價格與過去的營運結果，往往讓人眼前一亮。我稱此為逆向價值評估（backvaluing）。如果將今天的資本市值或企業價值相較於去年的自由現金流量或營業收益進行衡量，企業價格看起來會不會比較便宜？

逆向價值評估當然有危險，這種方法預設歷史重演，假定相關企業的經濟基本面不會變動，更相信過去具備景氣循環性質的產業不會從此邁入長期衰退。

逆向價值評估就像止血帶。除非碰到特殊情境，否則絕對不是安全的工具。

某個具有景氣循環性質的公司在下降循環時呈現拙劣的營運績效，我們沒有理由認定這樣的績效是永久性的──這是毫無助益的保守心態。所以，相關產業如果確定具備景氣循環性質，可以嘗試進行逆向價值評估。如果有所存疑，則不該這麼做。

第三項價格衡量，是價格對帳面價值（price to book）比率，也就是資本市值除以帳面價值的比率，簡稱 MCAP/BV。我們知道，帳面價值就是資產負債表的股東權益。

最後一項價格衡量，是價格對有形帳面價值（price to tangible book value）比率，MCAP/TBV。將 MCAP/BV 比率的分母 BV 剔除無形資產，包括專利、商標、商譽，以及其他沒有實體的資產，得到的就是 MCAP/TBV。

相較於 MCAP/BV，MCAP/TBV 把任何無法觸摸的資產都歸零，因此成為更嚴格的衡量。某些情況更適合採用較嚴格的衡量；為了說明這一點，我們從商譽著手。

我們知道，商譽等於併購價格超過帳面價值的部分。稍早在第 6 章提及的案例中，B 公司的帳面價值為 $1,000,000，A 公司花費現金 $1,500,000 併購 B 公司；在這種情況下，A 公司的資產負債表中商譽一項將增加$500,000。

請注意這種處理方式蘊含的假設：商譽屬於資產。所以，購買 B 公司與其商譽的過程中，A 公司以資產交換資產。這就是會計處理的方式。損益表沒有確認任何費用，資產負債表沒有登錄任何負債。什麼壞事也沒有發生。

可是，A 公司支付的價格如果明顯過高呢？這種情況確實可能發生。一旦發生，遲早會浮上檯面。經營者對這家新附屬機構表示失望，並承諾收拾殘局。第一個步驟就是減少商譽資產，把其中一大部分價值納入損益表作為費用。這也就是減記（write-down）：透過損益表承認費用，並因此減少資產負債表上的資產價值。

MCAP/TBV 展現一種健康的懷疑態度，背後原因就在於

上述的減記隨時可能發生。所以，對於仰賴高價併購而壯大的企業，MCAP/TBV 是一種非常有用的衡量。

　　無論是 MCAP/BV 或 MCAP/TBV，兩者都可能因為企業買回庫藏股與分配股利而被扭曲。兩者受到的扭曲是相同的。所以，真正具有啟發性的，是這兩種衡量之間的差異，以及這個差異所突顯的意涵。假設 MCAP/BV 數值合理，但 MCAP/TBV 顯著偏高，通常代表商譽很大。這種現象會促使嚴謹的投資人評估企業在過去的併購活動中所展現的智慧。

　　我們計算各種價格衡量時，會得到實際的數值。MCAP/FCF 可能是 5 或 50，EV/OI 可能是 3 或 30。這些數值代表該公司便宜或者昂貴呢？

　　我期待 MCAP/FCF 不超過 8 倍，EV/OI 不超過 7 倍。繼續討論另外兩種價格衡量的參考基準之前，我們先談談前述這兩種倍數的含意。

　　設想某家企業未來 100 年的每年營業收益為 $1,000,000。將這個流量按照 10% 折算為現值，結果是 $9,999,274。這個數值來自我們在第 7 章採用的試算表 NPV 函數。

　　這個金額 $9,999,274 相當接近 $10,000,000。請注意，$10,000,000 是預估年度營業收益的 10 倍。

　　所以，當我們的計算結果顯示公司的 EV/OI 為 10 倍，可能意味著市場認為該公司未來 100 年的每年營業收益都是 $1,000,000，而且正確的折現率是 10%。

或者，這也可能意味著市場認為該公司未來 100 年的每年營業收益將按照 4% 速度成長，起始水準為 $1,000,000，正確的折現率是 14%。這些數據也是來自試算表的 NPV 函數。

　　換言之，倍數只是一種代表正式現值計算的簡單敘述，而正式計算程序蘊含著對成長率與貼現率的信念。

　　假定所有其他條件不變，營業收益成長的企業比不成長的企業更理想。所以，當我說我期待的 EV/OI 不超過 7 倍時，我所說的是：我只會在貼現率偏高的情況下，買進一系列未來營業收益流量。

　　當然，我們永遠不可能知道未來的營業收益狀況，以及未來的自由現金流量。確切的折現率也不重要。真正重要的是：當偏低的價格倍數反映不合理的偏高折現率，對價值投資人來說就是買進機會。

　　另外兩種價格衡量，即 MCAP/BV 與 MCAP/TBV，情況稍有不同。這兩項衡量並不代表任何東西的未來流量，而是企業目前狀況所呈現的倍數。

　　我期待 MCAP/BV 與 MCAP/TBV 都不超過 3 倍。可是，這只代表必要的條件，不是我所期待的某種理想水準。我關注的是 MCAP/FCF 與 EV/OI，我們將討論個中原因。

　　我希望我所擁有的企業能夠長命百歲、永續經營。如果能夠賺錢，當然更好。可是，MCAP/BV 與 MCAP/TBV 所表達的，是價格相對於企業死亡的價值。企業如果停止營運，出清

一切，換言之，企業進行清算時，可供股東分配的總金額通常和帳面價值有關。可是，我買進股票的目的顯然不是希望在公司倒閉清倉大拍賣時分一杯羹。我決定投資一家公司，是希望取得該公司未來創造的收益與現金流量。

這並不是說 MCAP/BV 與 MCAP/TBV 毫無功能。這兩種衡量能夠協助投資人揭露機會。舉例來說，某家公司的 EV/OI 為 9，MCAP/BV 與 MCAP/TBV 都是 6。這家公司看起來並不便宜。可是，MCAP/BV 與 MCAP/TBV 相同，這一點會引發精明投資人的好奇心：該公司是否擁有某些高價值的有形資產，譬如根據好幾十年前的歷史成本入帳的土地。這些土地能不能變現？一旦變現，金額有多龐大？若是如此，所有價格衡量的數值都可能巨幅下降。以上就是這類死亡衡量可能梳理出來的有用點子。

如果魯莽為前述這些衡量設定參考基準，比如 8、7、3、3 等數值，則可能會有點危險，甚至造成誤導。這種基準往往被解讀成某種符合價值的臨界值，導致投資人未真正瞭解相關企業之前就直接套用基準數值。很多投資人就是這麼做的，而且也可能有效。可是，我不會以這些數值作為參考基準。

我的參考基準有一些彈性，可能容易造成誤導。想要理解其中原因，不妨思考本書截至目前為止所討論的衡量。大多數衡量可以歸屬為三大類。

第一類是報酬，包括 ROCE 與 FCFROCE，描繪的是企業

每年創造的產出相對於企業運用資本的關係。

第二類是成長，包括 ΔOI/FDS、ΔFCF/FDS、ΔBV/FDS 與 ΔTBV/FDS，這些衡量反映某些正面特質的增長速度。

第三類是價格，包括 MCAP/FCF、EV/OI、MCAP/BV 與 MCAP/TBV，反映價格的便宜程度。

如果其中兩個類別的衡量表現特別好，往往能夠彌補另一類衡量的平庸績效。舉例來說，如果某家企業的報酬夠高，成長速度夠快，投資人或許就願意支付較高的價格。換言之，如果 ROCE 與 ΔOI/FDS 很高，投資人或許就願意接受較高的 EV/OI。

同理，如果報酬表現好，股價又不貴，投資人或許就願意接受平凡的成長。換言之，如果 ROCE 高，EV/OI 低，平凡的 ΔOI/FDS 就變得可接受。

有些人可能會試圖把這三類關係簡化為某種公式。這種做法理論上可以讓投資決策自動化。可是，當中的扭曲效果可能更甚於簡化效果，理由有兩點。

第一，這些衡量都是過去的歷史，代表的是已經發生的事，而且未必反映正在發生的事。即使是價格衡量，雖然利用的是目前價格，卻也牽連著過去財務報表上的數據。在策略分析中，我們運用四項工具盡可能預測未來的營運表現；可是，這都是定性工具，我們無法整理出某種能夠被納入公式中的明確數據。

第二，不同的投資人對各類衡量賦予不一樣的相對重要性。這種差異主要取決於目標投資期限。對長期投資人而言，報酬衡量往往最重要。這些股東將長期擁有公司，實際投資績效將取決於 ROCE 與 FCFROCE。

可是，短線玩家的焦點則全然不同。對他們來說，報酬衡量實在沒有太大意義。這些投資人不會長期擁有公司，所以除了價格衡量之外，大概不會在意其他東西。

所以，期待設計一套萬用公式，似乎有點過火；不過，這三類衡量之間確實存在某種程度的關係。帶著這樣的觀念，我們或許可以稍微傾向於採用某種建設性的參考基準。

請注意，在我們的價值投資模型中，價值評估程序（valuation）被安排在後期階段，就在兩個相當耗時的步驟之後。相形之下，許多常見的投資分析方法往往以價值評估的程序作為開端。本益比多少？——第一個步驟，通常就是提出這個問題。

價值評估程序被安排在後期階段，理由有兩點。第一，忽略價值評估因素，可以促使早期階段的分析維持客觀。在分析的過程中實在沒有必要不斷搖擺在昂貴和便宜的評價之間，而我們的模型避免了這個現象。

一旦發現了某家企業的價格很便宜，後續分析可能就會產生偏見，譬如低估新進者造成的威脅。同理，如果分析者得知企業的價格昂貴，接著可能就會刻意尋找推翻投資的理由，比

如太早認定供應商基礎趨於整合。

當然，價值評估因素不可能全然被隔絕。投資人當初會留意到某一個投資機會，可能就是因為價格暴跌。可是，把價值評估程序擺在後期階段，可以更恰當地處理早期階段的分析。

第二個理由，則在於前期的分析是持久有效的。對企業經營狀況的瞭解，以及對營運績效的評估，都會在未來的一段期間內持續有效。股價一旦出現急遽變化，相關的分析都可以立即派上用場。

這種急遽變動可能突然發生。還記得通力公司嗎？2001年年底，總部設立在東京的大型電子業者東芝（Toshiba）同意買進通力的 4.6% 股權。[2] 幾年之後，到了 2015 年 4 月，東芝爆出會計醜聞，被迫出售非核心事業。7 月 22 日，東芝宣布拋售通力持股。[3]

發生在日本的會計醜聞，看起來和芬蘭的電梯及電扶梯製造業者無關。可是，通力股價在一週之內暴跌 8%。這就是大量拋售股票可能造成的衝擊。而且事情來得有如晴天霹靂。投資人如果對通力公司早有研究，就能立即反應，至少能夠比那些沒有準備的人更快採取行動。

對於我們瞭解、認可的企業，價格衡量經常顯示令人不滿的解讀：價格不便宜！我們很想買進，所以這種情況總是讓人感到挫折。該怎麼辦呢？

等待。必要的話，我們可以等上好幾年。這或許令人難以

接受，畢竟我們已花費了許多時間與精力去瞭解一家企業，並判定該企業適合投資。我們希望這個辛苦取得的結論有所回饋。我們想要做些什麼。

想要克制這種躁動，有兩個關鍵。第一，必須理解行動與進展之間的差異。前者經常偽裝成後者。行動會讓人覺得有所生產，甚至帶來滿足感。可是，為了行動而行動，顯然沒有助益。接受這個事實，絕對有助於投資人保持耐心。

第二個關鍵，是體認現金的選擇價值（option value）。我們如果握有現金，就可以做一些事情。我們可以在某個特定時刻，當價格顯得便宜時，購買我們瞭解的好公司。到了那個時候，如果手上沒有現金，選擇就不怎麼美好了。我們可能什麼也不做而錯失一個機會；我們可能賣掉其他持股，放棄另一個潛在的上檔獲利機會；或者，我們可以向經紀商融資買進，但這麼做也會產生令人不快的可能性，利息費用會增加，下檔成了可怕的威脅。

體認現金的選擇價值，恐怕很困難，尤其是在利率偏低的情況下，經紀商的對帳單不時提醒我們現金幾乎沒有任何收益，保持彈性顯然並不特別聰明。現金的選擇價值從來都不明顯。

保持耐心並不是一件容易的事，原因就在這裡。這是一種違背直覺的心智狀態，需要注入不同的觀點才能達成。可是，一旦開發了耐心等待的能力，我們就開始受益於價值評估。我

們開始懂得問更好的問題。股票價格必須下跌到哪裡，MCAP/FCF 才會低於 8 倍而 EV/OI 低於 7 倍？這個價格也就成為了我們的界線。我們等著。

摘要

四種不同的價格衡量，可以檢測企業的便宜程度：

❶ 自由現金流量倍數（MCAP/FCF）

❷ 企業價值對營業收益比率（EV/OI）

❸ 價格對帳面價值比率（MCAP/BV）

❹ 價格對有形帳面價值比率（MCAP/TBV）

如果能夠體認下列兩點，就更容易保持耐心，等待價格下跌到便宜的程度，再買進我們瞭解的好企業：

❶ 行動與進展之間的差異

❷ 現金的選擇價值

個案研究

福斯公司

　　福斯公司（Flowserve Corporation）是專門生產管線、閥門與密封器材的大型廠商，總部設立在美國德州，客戶以煉油廠與其他工業機構為主。假設該公司的事業經營易懂，而且表現也相當優異。本文撰寫時的公司股價是 $45.50。價格是否便宜？

　　首先考慮 MCAP/FCF。資本市值是目前股價 $45.50 乘以發行股數。在近期申報的 10-Q 文件搜尋「common stock」（普通股）一詞：

http://www.goodstockscheap.com/14.1.htm

　　第七筆搜尋結果是「附註 8」，標題為「每股盈餘」（earnings per share），普通股加權平均發行量是 129,781,000 股。所以，福斯公司的資本市值，也就是 MCAP/FCF 的分子，等於 $5,905,035,500。

　　至於分母，即自由現金流量，計算相當單純。2015 年的營業現金流量為 $417,092,000。這個數據來自福斯公司的 10-K 文件第 58 頁所顯示的 2015 年現金流量表：

http://www.goodstockscheap.com/14.2.htm

同一頁顯示的 2015 年資本支出（capital expenditures）為
$181,861,000。其中有多少部分屬於維修資本支出？一如往
常，這裡並沒有清楚說明。

該公司最近舉行的 2016 年第一季盈餘電話會議，或許能
夠得到一些有用的資料。就在接近第 21 分鐘的時間點，公司
財務長表示：「我們期待 2016 年的資本支出會減少；這方面
的費用在 2015 年顯著增加，主要是因為公司在亞洲太平洋地
區增加製造產能，並且購置執照，藉以提升售後市場的機
會。」

所以，2015 年的資本支出確定有一部分屬於成長性質，
用於擴張產能和售後市場，也就是銷售零件和配件的機會。可
是，金額有多少呢？

沒有明確的數據。可是，我們發現前兩年的資本支出總額
都大約是 $135,000,000，比 2015 年的支出少了大約
$45,000,000。折舊費用甚至更低，2015 年的數據是
$99,501,000，來自現金流量表的前三分之一；我們知道這不
等於資本支出，但還是可以作為參考。

首先採取保守立場，我們先假設所有的資本支出
$181,861,000 都是維修資本支出。其次，我們計算第二個版本
的維修資本支出，將資本支出減掉 $45,000,000，也就是減少

到前一年的水準。

在 10-K 文件裡搜尋「operating leases」（營業租賃）一詞，第 80 頁顯示福斯公司確實有些這方面的費用。在分析模型的稍早階段，就應該先將這些費用資本化，這個程序將對自由現金流量產生兩方面的影響。第一，租賃費用應該加回去。搜尋「rental expense」（租金費用），2015 年的數據為 $53,100,000。

第二，購置租賃資產的假設性貸款，其利息費用應該扣除。這個數據必須來自租賃費用資本化。所以，讓我們先處理這個問題。

第 80 頁的附註 10 顯示，福斯編列的租賃費用：2016 年為 $45,505,000，2017 年為 $37,553,000，2018 年為$28,355,000，2019 年為$22,063,000，2020 年為$18,699,000。將這些數據輸入試算表。

另外，該附註顯示從 2021 年開始，福斯承擔的額外租賃費用為 $63,848,000。可是，資料沒有說明這些租賃費用預估的終止期限。該如何分攤這些租賃費用呢？

請注意 2016 年到 2020 年的租賃費用，每年的金額大約減少 15% 到 20%。假設這種趨勢持續發展，2021 年的租賃費用大概是 $15,000,000，2022 年大約 $12,000,000，2023 年大約 $10,000,000，2024 年大約$8,000,000，2025 年大約 $6,000,000，2026 年大約$5,000,000，2027 年大約$4,000,000。往後剩下餘額為$3,848,000，全部可以納入 2028 年。當然，我

們可以處理得更精確一些，但未必更正確。將 2021 年到 2028 年的數據，分別輸入試算表。

接下來，我們需要一個適當的折現率。搜尋關鍵詞「long-term debt」（長期債務），我們成功在蓋璞的報告中搜尋到相關資訊，但在這裡卻沒有顯示任何結果。可是，搜尋「senior note」（高級債券）則顯示了第 78 頁的附註 10。這裡有三筆相關的借款，最近一筆是福斯在 2015 年以 1.25% 利率借取的€500,000,000（利率實際上稍微高一些，因為債券以折價發行）。

福斯公司的許多營運發生在美國境內，但在美國境外也有很多業務，這一點和蓋璞不同。所以，福斯借取歐元資金的利率可以被視為適當的折現率，蓋璞的日圓借款利率則不適合。這是因為福斯的許多租賃交易發生在歐洲，可以用歐元購置，蓋璞卻幾乎沒有在日本租賃可以用日圓購置的店面。儘管如此，我還是覺得 1.25% 偏低。所以，我最終決定採用 2% 的折現率。

按照折現率 2%，將 13 年期的租賃費用折算為現值，結果是 $198,813,374：

http://www.goodstockscheap.com/14.4.xlsx

$198,813,374 的 2% 是 $3,976,267，這是 2015 年的利息費

用。

現在，我們可以計算第一項價格衡量 MCAP/FCF 的分母，即自由現金流量。營業現金流量為 $417,092,000，減掉資本支出 $181,861,000，加上租賃（租金）費用$53,100,000，再減掉利息費用$3,976,267，得出$284,354,733，也就是較低版本的自由現金流量。

較高版本的自由現金流量則是 $329,354,733，也就是較低版本的金額加上我假設的成長資本支出 $45,000,000。

將這兩個版本的自由現金流量，分別除以資本市值 $5,905,035,500，結果顯示 MCAP/FCF 介於 18 到 21 倍之間。

其次，我們計算第二項價格衡量 EV/OI。這項比率的分子是企業價值，而其中的第一個成分是資本市值，金額為 $5,905,035,500。

第二個成分是特別股。根據最近季報的資產負債表，福斯沒有發行特別股。可是，我們看到非控制股東權益（noncontrolling interest）為 $18,321,000。另外還有兩種債務，一年內到期債務（debt due within one year）為 $62,566,000，一年以上長期債務（long-term debt due after one year）則是 $1,573,450,000。

至於資產方面，現金與約當現金為 $310,318,000。所以，較低版本的企業價值是 $7,249,054,500；這是資本市值加上非控制股東權益，再加上所有債務，然後減掉現金。

假設沒有超額現金而得到的較高版本企業價值則是 $7,559,372,500。

EV/OI 比率的分母，即營業收益，就顯示在年度報告裡，金額為 $525,568,000。可是，由於營業租賃資本化，有兩方面需要調整。首先，租賃（租金）費用 $53,100,000 應該要加回去。[4] 然後，折舊應該被扣減。請記住，我們假設折舊等於舊有的租賃費用減掉新的利息費用。利息估計為$3,976,267，所以折舊費用是$49,123,733。因此，營業收益為$529,544,267。

現在，我們可以根據兩個版本的企業價值，計算 EV/OI。由於現金的數值很小，所以兩個版本的比率都大約是 14 倍。

第三個價格衡量是 MCAP/BV。查閱 10-Q 文件，福斯公司總計股東權益（total Flowserve Corporation shareholders' equity）顯示為 $1,722,665,000。所以，MCAP/BV 是 3 倍。

最後一項衡量是 MCAP/TBV，這個衡量基本上與前者相同，只是分母必須扣除無形資產。季報上的資產負債表顯示商譽為 $1,240,187,000，其他無形資產為 $228,294,000。[5] 所以，有形帳面價值為$254,184,000，得出的 MCAP/TBV 為 23 倍。

請注意，過去三年裡，福斯公司買回了大約 12% 的公司股票。當模型處理股東友善程度的階段時，應該會突顯這一點。買回庫藏股的行為意味著 MCAP/BV 與 MCAP/TBV 都趨於膨脹。換言之，兩個比率都因為買回庫藏股而上升。

根據這些衡量數據，股價看起來並不便宜。MCAP/FCF 最

小也有 18，遠超過參考基準 8 倍。EV/OI 為 14，大約是參考基準 7 的 2 倍。MCAP/BV 為 3，相當不錯，尤其是因為買回庫藏股而向上膨脹。可是，MCAP/TBV 高達 23，則遠超過參考基準 3。

精明的投資人會立即發現 MCAP/BV 與 MCAP/TBV 之間的重大落差。這顯然是因為商譽的緣故。所以，除非投資人確認了福斯沒有支付過高價格進行併購活動，否則即使股價暴跌也不該買進。

我們先假設該公司沒有支付過高的併購價格。股價需要下跌多少，才能讓 MCAP/FCF 低於 8 而 EV/OI 低於 7？

運用試算表，很容易就可以得到答案。透過嘗試與錯誤的方式調整股價，直到價格衡量符合我們的需要。結果顯示，福斯公司的股價必須降到每股 $17，價格才不算昂貴：

http://www.goodstockscheap.com/14.5.xlsx

等一等。福斯公司屬於哪一個產業呢？機器設備製造業。更明確地說，該公司為石油與天然氣業者製造流體控制產品。

這是一個帶有景氣循環特質的產業，需求會因為油價漲跌而起伏。油價如果下跌，石油與天然氣業者會緊縮資本支出預算，導致福斯產品的需求下降。可是，一旦油價回升，遞延的維修支出就會顯著回升，並帶動營業收入。

任何開車的人都知道，油價在 2010 年代中期暴跌。就帕羅奧圖的情況來說，2014 年春天的油價每加侖 $4，2015 年則跌到 $2.50。福斯的 2015 年營運績效必定會反映這個下跌循環。如果針對福斯進行 2014 年的逆向價值評估，結果會如何呢？

根據 2014 年的 10-K 文件，我們可以取得相關計算所需要的資料：

http://www.goodstockscheap.com/14.4.htm

2014 年的營業現金流量是 $570,962,000，資本支出則是 $132,619,000，[6] 其中必定有某個部分屬於成長資本支出；就折舊費用只有$93,307,000 判斷，我們估計維修資本支出為 $120,000,000。

假設營業租賃資本化，$56,200,000 的租賃付款必須加回去。[7] 這是顯示在第 75 頁的數據。利息費用必須扣減。

至於租賃費用的資本化程序，請參考第 75 頁的未來租賃費用估計值：2015 年為 $49,625,000，2016 年為 $36,829,000，2017 年為$27,824,000，2018 年為$22,081,000，2019 年為 $17,184,000。然後，從 2020 年開始，另外還有$63,837,000 的租賃費用負擔。[8] 按照租賃費用逐漸下降的趨勢，剩餘租賃費用的分攤狀況可能是：2020 年為$15,000,000，2021 年為

$12,000,000，2022 年為$10,000,000，2023 年為$8,000,000，2024 年 為$6,000,000，2025 年 為$5,000,000，2026 年 為$4,000,000。最後餘額$3,837,000 則可以歸入 2027 年。

　　至於折現率，搜尋「senior note」（高級債券），結果顯示第 74 頁的資料。我們看到最近期的長期債務融資發生在 2013 年 11 月。這屬於相當及時的資料。這筆債券的面額為$300,000,000，利率為 4%（利率實際上稍微高一些，因為債券以折價發行）。[9]

　　按照折現率 4%，將 13 年期的租賃費用折算為現值，結果是 $185,506,597：

http://www.goodstockscheap.com/14.6.xlsx

　　$185,506,597 的 4% 就是 2014 年的利息付款，金額為$7,420,264。

　　2014 年的自由現金流量是 $499,741,736。這是營業現金流量 $570,962,000 減掉估計維修資本支出$120,000,000，加上租賃付款$56,200,000，再減掉利息付款$7,420,264。

　　取較近期的資本市值 $5,905,035,500，除以 2014 年的自由現金流量 $499,741,736，結果就是逆向價值評估的 MCAP/FCF，數值為 12。

　　我們接著處理 EV/OI。2014 年申報的營業收益為

$789,832,000。[10] 由於營業租賃經過資本化，所以租賃費用$56,200,000 必須加回去，然後減掉折舊費用。租賃費用減掉前文估計的利息費用$7,420,264，得到$48,779,736 的折舊費用。所以，2014 年的營業收益是$797,252,264。所以，逆向價值評估的 EV/OI 是 9 倍或 10 倍，計算分別採用兩個版本的企業價值：$7,249,054,500 與$7,559,372,500。

不出所料，如果將福斯的當前股價擺在先前較理想的績效背景下衡量，看起來比較不昂貴。可是，這個發現並不會讓股價因此變得便宜。投資人必須確認福斯支付合理價格進行併購，2014 年與 2015 年之間也沒有發生顯著變動，而且福斯確實處在景氣循環產業；在這些前提之下，價格必須跌到每股$32，這家公司才顯得便宜：

http://www.goodstockscheap.com/14.7.xlsx

精明的投資人知道價格與價值是不同的東西，也瞭解行動未必代表有所進展，更清楚體認現金的選擇價值；因此，他們會耐心觀望，等待價格跌到 $32 以下的水準。

◆ ◆ ◆

15

價格主導風險

　　以便宜價格買進股票，結果絕對勝於以不便宜的價格買進股票，這是顯而易見的。然而，我們或許還是應該探索其中原由，因為這個探索的過程能夠充分彰顯價值投資人與其他類型投資人之間的差異。

　　價值投資人希望以便宜價格買進股票，理由有兩點。第一，為了增加報酬。投資人付出代價購買未來收益流量，如果未來收益流量保持不變，所花費的購買金額愈少，報酬就愈高。

　　數字或許更能夠顯示這種效應的力量。如果股票價值是 $4，買進價格則是 $2，當價格最終恢復正常時，報酬是 100%。換言之，4 減掉 2，餘額除以 2，結果是 1。

　　可是，如果相同的股票以 $1 買進，報酬則是 300%。換言之，4 減掉 1，餘額除以 1，結果是 3。就這個例子來說，買進價格減半，報酬卻是 3 倍。

　　第二個理由，是為了降低風險。我們以棒球作為例子來說

明。

一壘上的跑者想要盜到二壘，面臨的風險就是被觸殺出局。

跑壘者如何降低被觸殺出局的風險呢？他可以想辦法先離開一壘遠一些。當投手投出下一球之前，跑壘者可以先離開一壘，盡可能讓自己離開二壘近一點。這是比賽規則允許的離壘，這麼做可以縮短跑壘者到達下一個壘包的距離。

跑壘者的風險概念，反映了我們日常生活的經驗。風險是發生壞結果的機會。想要降低風險，我們就要更接近目標。

投資的風險是什麼？賠錢。這是符合實務與常識的定義。事實上，多數價值投資人也是如此定義風險的。

價值投資人如何降低風險呢？運用較少的資金進行投資。不是買進較少的股數，而是按照較低價格買進相同數量的股票。

我們以某個極端的案例來說明這一點。股票的買進價格如果是零，自然就沒有風險。為什麼沒有風險？因為不會發生金錢損失。這就相當於一壘與二壘緊密連接在一起。

本書第 4 章提到，優秀的價值投資人期待能夠長期跑贏市場的基準股價指數達 500 個基點。第 11 章則提到，過去數十年以來，S&P 500 的每年平均總報酬大約是 10%。所以，優秀的價值投資人應該期待創造平均每年 15% 的報酬率。換言之，目標就是 15%。

本章的前文提到，投資人如何以便宜價格買進股票而提升報酬。這是為了讓績效更接近於 15% 的高標準。所以，低價買進股票，是為了更接近目標。

價值投資人對股票投資風險的看法，不同於基金管理產業的多數從業人員。我們將風險定義為賠錢的可能性；可是，業內人士將風險定義為股票價格在過去一個月的每天平均變動量。

這個產業稱此為價格波動性（volatility），並且以希臘字母 σ 表示。這個概念涉及某些數學運算，也有幾種變異版本，但那都不是這裡要討論的主題。總而言之，金融產業對風險的定義，最終都奠定於最近的價格波動程度。這種觀點會造成兩個問題。

第一，近期的價格波動性屬於歷史事件。那是已經發生的狀況，未必代表正在發生的事情。

股票價格行為不同於投擲棒球。棒球的運動速度很可能反映在歷史軌跡裡。剎那之前，棒球飛向本壘板的速度如果是每小時 80 英里；剎那之後，飛行速度仍然接近每小時 80 英里。這是物理運動的慣性所致。

可是，股票不是實體物件，運動不受制於慣性。我們習慣設想股票會反彈、飛行、彈跳，這或許很自然，但股票實際上不會這樣。那是股票。期待股票像棒球一樣運動，恐怕有點傻氣，就像期待球棒會微笑一樣。

價格波動概念的第二個問題，在於導向荒謬的結論。思考以下兩種情境。第一個情境，股價在過去一個月內波動於 $2 與 $3 之間。第二個情境，相同期間內，該股票價格波動於$1 與$3 之間。根據價格波動性的概念，第二種情境蘊含較高的風險，因為價格波動區間較大。可是，如果我們在第二種情境裡以最低價$1 買進股票，則可能發生的虧損必定小於在第一種情境下按照最低價買進相同的股票。這顯然很荒唐。

　　歸根究底，價格波動的概念是建立在效率市場假說（efficient market hypothesis）的基礎上。假設所有投資人都是理性投資人，剎那之前的股價將反映股票價值，剎那之後的股價也會反映股票價值。

　　可是，這是非常大膽的想法。這必須仰賴人們異常冷靜的頭腦，相信他們在最近一個月──整個月！──都依據股票的價值採取行動。

　　我們看看夏威夷不動產公司 Maui Land & Pineapple 的情況。本文撰寫時，這支股票的 30 天期最高價比同期的最低價超出 27%。[1] 這段期間內，不論是公司的結構，或夏威夷的土地，或鳳梨的風味，一切都沒有發生重大變動。我們實在無法想像該公司的價值在一個月之內發生 27% 的波動。

　　雖然很容易造成誤導，但價格波動率的風險概念仍然深受金融機構認同。我們不難理解其中的原因。相較於報酬，價格波動更容易管理，尤其是在短期之內。針對所管理的分散式投

資組合，基金經理人想要讓一季期間的價格波動率保持在某個特定區間之內，應該比創造 15% 的年度化報酬要容易得多。

我們可以想像，某家金融服務機構即使不能提供超乎市場水準的報酬，卻可以信心滿滿地說服客戶，表示他們實際上購買的應該是價格波動的控制。

價值投資的風險概念可能還會破壞另一個美夢，那就是所謂風險與報酬的取捨（risk-return trade-off）。根據這個原則，如果投資人想取得更高的報酬，就必須承擔更高的風險。在這套邏輯之下，如果你想要實現 15% 的績效報酬，就必須從事天使投資、購買無從瞭解的商品基金，甚至擁有某些連聯合國都找不到的國家所發行的新興市場證券。

價值投資並沒有直接否定風險與報酬的取捨；實際上，價值投資試圖超越這個邏輯。我們並不是強調低風險可以創造高報酬，而是強調：投資人能夠創造高報酬，是因為他們承擔低風險。

這種觀點突顯了價值投資的另一個更著名的概念：安全邊際（margin of safety）。[2] 換言之，精明投資人購買股票時，價格必須顯著低於價值。安全邊際就是允許我們犯錯的彈性空間。所以，我們所等待的不是股價稍微便宜，而是無庸置疑的便宜。在這種情況下，即使我們的分析有所缺失，也不至於造成嚴重虧損。防範了下檔風險，往往就可以創造異常高的上檔獲利潛能；這個道理或許會讓多數人感到意外，但我們卻覺得

如此理所當然。

摘要

❶ 價格波動不同於風險。

❷ 股票的歷史價格，不會決定股票的未來價格。

❸ 價格波動的風險概念沒有反映買進價格。

❹ 以便宜價格買進股票，可以同時提升報酬、降低風險。

❺ 價格波動的風險概念將持續得到金融業者的支持。

❻ 價值投資扭轉風險與報酬取捨的概念。

❼ 安全邊際是允許投資人犯錯的彈性空間。

錯誤判斷與錯誤行為

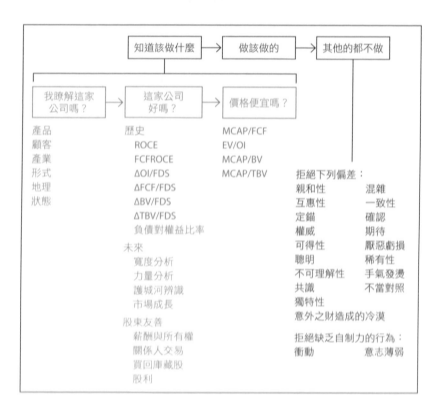

知道該做什麼 → 做該做的 → 其他的都不做

| 我瞭解這家公司嗎？ | → | 這家公司好嗎？ | → | 價格便宜嗎？ |

產品
顧客
產業
形式
地理
狀態

歷史
　ROCE
　FCFROCE
　ΔOI/FDS
　ΔFCF/FDS
　ΔBV/FDS
　ΔTBV/FDS
　負債對權益比率

未來
　寬度分析
　力量分析
　護城河辨識
　市場成長

股東友善
　薪酬與所有權
　關係人交易
　買回庫藏股
　股利

MCAP/FCF
EV/OI
MCAP/BV
MCAP/TBV

拒絕下列偏差：
親和性　　　混雜
互惠性　　　一致性
定錨　　　　確認
權威　　　　期待
可得性　　　厭惡虧損
聰明　　　　稀有性
不可理解性　手氣發燙
共識　　　　不當對照
獨特性
意外之財造成的冷漠

拒絕缺乏自制力的行為：
衝動　　　　意志薄弱

價值投資模型的最初三個步驟是：我瞭解這家公司嗎？這家公司好嗎？價格便宜嗎？這三個步驟排成一列。然而，在這一列的上方向右靠的地方，還有另一列更高階的步驟：知道該做什麼、做該做的、其他的都不做。

第一步驟，知道該做什麼，關乎的就是較低位階的那三個步驟。當我瞭解了這家公司，知道這是一家好公司，而且價格便宜，我也就知道該做什麼。對多數投資人來說，「知道該做什麼」並不簡單；然而，我們這種直接了當的處理方法，讓這件事變得更容易一些。

本書的〈導論〉裡提到，價值投資模型是涵蓋金融學、策略學與心理學的跨學科模型。

「知道該做什麼」，這是金融學與策略學的範疇。可是，其次兩個較高階步驟，也就是「做該做的」以及「其他的都不做」則有所不同，那是隸屬於心理學的範疇。

「做該做的」，就是在適當時機，斷然採取行動。例如，這可能意味著趁著價格便宜的時候買進某個已瞭解的好企業。對很多人來說，這往往是不可能的行動。投資人必須在大家紛紛拋售股票的時候，進場買進。這需要仰賴於堅定的反向立場，而這種立場有違人類的行為傾向。

第三個較高階的步驟是「其他的都不做」，這一步甚至更困難。對多數人來說，這是一種折磨。這意味著必須採用價值投資的方法，而且只能從事價值取向的投資。價值是長期表現

最理想的投資方法，一旦兼用其他策略，將導致整體績效被稀釋。這表示投資人不得購買價格高估的熱門股，也不能買進未理解的共同基金，或科技創投的天使投資。

我個人覺得這相當不容易。我每個週末都和創業資本家朋友一起踢足球，卻必須讓自己的投資組合免於某個大好機會的干擾。我勉強做到了，但少不了遭受一些揶揄。

早期我對心理學無所覺察，後來這一門知識卻漸漸融入了我的投資生涯。我畢業自 UCLA 經濟學系，求學過程中完全遠離這一門探索心智的科學。經濟學教授偏愛理性行為的假設，經濟人的任何選擇都會預先理性評估成本與效益。既然人類都異常理智，為什麼還需要考慮非理性行為呢？UCLA 的校園格局甚至更強化了這兩個領域的分隔——兩個學系的大樓之間相隔了近乎半英里的綠地。

我大三那年的秋天，也就是 1987 年 10 月 19 日，股票市場崩盤，道瓊工業指數爆發有史以來最大的單日跌幅。那天早上，我剛好穿著紐約證交所的運動衫，看起來似乎不太恰當，但其實純屬巧合，因為這件運動衫剛好擺在乾淨衣服的最上層。

這個後來被稱為「黑色星期一」的日子，讓我們有機會重新檢視某種傲慢的預設：理性人怎麼會讓這種事情發生？

情況漸漸改變。經濟系開始重新評估過去一些有關投資人心理的研究。丹尼爾·康納曼（Daniel Kahneman）與阿莫斯·

特沃斯基（Amos Tversky）有關展望理論（Prospect Theory）的論文開始流傳。最終，效率市場理論被降級為假說。後來，行為經濟學（behavioral economics）這門新興學科慢慢受到重視，甚至足以和效率理論（utility theory）相提並論，成為解釋投資人行為的替代理論。2015 年，美國經濟協會（American Economic Association）推選行為經濟學家擔任該協會主席。

心理學的興起，並沒有撼動價值投資人。過去數十年來，他們始終針對人類的各種古怪行為進行調整。在價值投資先驅班傑明・葛拉漢（Benjamin Graham）與大衛・陶德（David Dodd）的著作裡，他們提到「人性因素」[1]與「主流心理學」。[2] 在後來的著作裡，葛拉漢又引進了一位情緒變化劇烈的擬人化「市場先生」（Mr. Market）。[3] 葛拉漢晚年的授課內容持續提及心理學知識，大多數時候都是在 UCLA 的課堂上；葛拉漢過去是這所大學的客座教授，而 30 年後我才成為這裡的學生。

我在 1999 年投入價值投資方法的時候，心理學早已經被公認為一項強大的金融因素。理當如此。身為投資人的我，如果必須選擇摒棄心理學知識或計量技巧的其中之一，我會毫不猶豫地選擇後者。

我不是心理學家。可是，我見過人們的無效益行為背後的非理性型態。關於這方面的觀察，我稍後將提到四位思想家的作品；我在這個領域所發展的任何能力，都拜這四位思想家所

賜。

辨識危險所在，才能夠進行管理。所以，我們必須知道自己的直覺反應可能誘發哪一些不當行為，才能避免。這就是為什麼精明投資人通常拒絕來自於認知偏差（cognitive biases）的判斷。以下闡述將專注於其中的 18 項認知偏差。

（1）親和性（affinity）。親和性就是喜歡，這種偏差驅使我們因為喜歡一些跟某家企業相關的東西而決定買進股票。例如，我們可能被該公司執行長的魅力所吸引，或者因為公司發布的新產品而感到興奮。當然，執行長的魅力或產品的吸引力，都和企業未來展望有關。可是，我們的判斷不應該因此而被挾持，這類事物不該成為我們決定投資的理由。

親和性也可能產生反作用。我們可能因為不喜歡某種與企業相關的東西而停止投資。我們可能厭惡該公司早期歷史發生的某些事件，也可能有某些基金經理人以粗魯手段兜售該公司股票。可是，這都是細微末節，無關緊要。

（2）互惠性（reciprocity）。互惠性是一種行為傾向，別人怎麼對待我們，我們就會怎麼對待他。在金融投資領域，這種行為傾向展現在機構的層次。上市公司的投資人關係部總是會特別禮遇專業基金經理人。這種殷勤態度往往驅使他們買進，省略更嚴格的調查。

互惠性也可能產生反作用。如果沒有得到我們認為應有的對待，可能就不考慮眼前的投資機會。舉例來說，如果某家公

司的「資本市場日」研討會沒有邀請某個基金經理人參與，該公司的股票可能就會被這個經理人排斥。

互惠性不同於親和性。被投資對象必須對投資人展現特定行為，才能產生互惠性的效應；親和性的作用卻不一定需要這一類行為。

（3）定錨（anchoring）。定錨就是根據某種沒有意義的基礎設定標準。例如，某些人可能只限定在價格從高點下跌的時候才買進。定錨也可能作用於賣出行為。某些投資人可能只限定在價格上漲超過他的買進價格時才會決定賣出。實際上，真正重要的是價格相對於價值的關係，而不是目前價格相對於過去價格的關係。即使股價上漲，只要價格水準仍然低於內含價值，則股價很可能還會繼續上漲。

（4）權威性（authority）。權威性偏差讓我們傾向於採用那些我們讚賞的人所認可的投資點子。這就是追隨。我們會認同自己尊崇的人或機構的指示，這是很自然的傾向。可是，如果讓這種過度的崇敬排擠我們的客觀判斷，那就不對了。

相對地，權威性偏差也可能促使我們忽略那些我們看不起的人所提出的構想。例如，當一個教育程度不如我們的人提出某種投資構想，可能就會直接被排除。這種心態顯然無益，因為任何人都可能提出好的投資構想。

（5）可得性（availability）。可得性偏差指的是，我們傾向於強調腦海裡最直接呈現的資訊，卻忽略了該資訊的整體相關

性。[4] 被強調的可能是我們最近取得的訊息，也可能是內容最生動或情緒感受最深刻的資訊。總之，基於某種理由，這些資訊與我們產生共鳴。我們過分重視這些最容易浮現的記憶或概念，以致忽略其他更具意義的事實。投資人需要秉持更平衡的心態。

（6）聰明（cleverness）。追求聰明所帶來的偏差，會促使我們採納某種讓自己看起來很精明的構想。我們往往偏好那些需要耗費心智盤算的分析與想法，讓自己盡情沉浸在自以為聰明的喜悅之中。

反過來說，追求聰明的偏差也會導致我們排斥看似過於單純的投資機會。我們總是不信賴那些容易被瞭解的概念。這種心態可能造成傷害，因為很多值得投資的構想實際上都很單純。

（7）不可理解性（incomprehensibility）。在這種偏差的影響之下，對於我們愈不瞭解的東西，就愈想投資。我們把晦澀難懂的東西誤以為專業。換言之，有人向我們推銷各種混亂不清的投資機會時，我們往往誤以為這些人是專家，因為他們似乎擁有我們所不可能具備的知識。或者，我們對那些充斥著專業術語的投資構想，總是滿懷敬意，以為這些話術真的能夠兜出什麼好東西。

反之，推崇不可理解性的偏差，經常讓我們拒絕清楚明瞭的投資機會。我們不喜歡這類點子，因為看起來不夠困難。

追求不可理解性，以及想當聰明人，是兩種不同的偏差。想當聰明人的欲望會讓我們偏愛那些真正複雜的概念；追求不可理解性的人，則只要求任何概念以複雜而不可理解的方式表述。

（8）共識（consensus）。共識就是做大家都在做的事情。這種偏差引導我們跟著大家做投資，於是偏愛熱門股票；證券價格往往被需求推升，所以這種偏差導致支付過高價格的風險。等到熱潮過去，相關股票開始被漠視，如果被排斥則更好，價格通常就會跌到價值之下。

當然，某個投資概念缺乏共識，未必就代表那是個好機會。那可能真的是個爛點子。所以，「不受歡迎」是好投資的必要條件，但不是充分條件。

（9）獨特性（peculiarity）。追求獨特性的偏差驅使我們從事特殊的投資。這種偏差是共識偏差的反面；習慣反向思考，或者特別堅持己見的人，深受這種偏差的影響。追求獨特性跟搶當聰明人，兩者相當類似；但是，追求獨特性的人渴求的僅僅是與眾不同的機會，而未必是複雜的事物。

獨特性偏差可能造成負面效應，促使人們排斥那些不是自己琢磨出來的想法，我們也因此更不願意向別人學習。這種偏差最終將侷限自己的機會。

（10）混雜（intermixing）讓我們傾向於持有某些與整體投資組合不搭調的東西，即使這些東西的績效並不理想；總

之，我們會渴望進行某種標新立異的投資。例如，成為電影公司合夥人可能是某個普通股投資人眼中的大好機會，儘管這類投資的績效往往不如股票。

這種偏差造成的負面效應，可能讓我們排斥那些看起來不夠特別的投資機會。這有點類似獨特性偏差，只是這種偏差追求的獨特性不是相對於眾人而言，而是相對於自己的投資組合。

請注意，混雜不同於分散投資（diversification）。分散投資指的是投資組合分散持有各種不同性質的部位，避免價格同時下跌。這是合理的考量。可是，追求混雜的偏差則單純只是為了刺激。

（11）一致性（consistency）偏差鼓勵我們採取與先前的行為保持一致的行動。這導致人們不願改變既定的心意，尤其不希望別人知道我們改變立場。這可能讓我們買進更多已經持有的股票，即使該股票已經出了問題。

一致性不同於堅持（perseverance）。堅持的態度意指投資人碰到無關緊要的反向指標出現時，仍然決定繼續持有股票。在投資領域，堅持是一種正面心態。例如，當我們看到公司的股票下跌，但基本面狀況完全正常，這個時候顯然應該繼續堅持相關部位。偏好一致性的態度則不同，投資人繼續持有股票，只是因為他已經持有。請注意，如果持股的基本面條件已經明顯惡化，顯然不該基於一致性的考量而繼續持有股票。

（12）確認（confirmation）偏差促使我們接受那些符合既有觀點的機會。這種偏差類似於堅持一致性的偏差，但不是為了與過去的行動一致，而是為了與原有的信念一致。

因此，確認偏差會促使我們排除那些違背既有信念的想法。我們會拒絕接受某些好機會，僅僅因為那些機會不符合我們對於趨勢、產業或市場的觀點。我們也可能因此而太早停止尋找值得考慮的機會。此外，這種偏差會剝奪我們依據現實狀況調整信念的機會。

（13）希望（hope）。這是一種偏差，也是一種性格傾向，驅使我們相信某一項投資。當我們梳理既有資訊，總是能夠找到有利的理由。從另一方面來說，這種傾向也導致我們排斥反向證據。

在人類生活的許多層面，懷抱希望是一種美德。在運動競賽中，希望促使我們跑得更快、跳得更高。經營企業時，希望讓我們更具說服力進行銷售，或更有效領導。可是，投資上市公司股票時，希望並沒有任何發揮正面功效的機會。投資股票不適合抱持樂觀信念。股票並不在意我們的信念。

（14）厭惡虧損（lossophobia），或者是對損失的恐懼。這是因為想要保護資本而引發的非理性反應。每當我們看到持股價格下跌，就覺得應該拋售，即使相關企業的基本面仍然保持穩定。當然，基本面狀況如果真的惡化，自然有理由賣出持股。總之，價格下跌，不等同於價值下降。

厭惡虧損可以被視為某種形式的悲觀主義，與希望造成的偏差相反。投資人普遍存在這種心理，所以經紀商甚至發明一種專用委託單：停損單。根據這種交易指令，只要價格跌破某個指定水準，就會自動結束部位。這種交易指令不僅沒有把價格下跌視為買進機會，反而保證損失發生。所以，停損單或許應該稱為虧損單。

　　（15）稀有性（scarcity）偏差導致我們傾向於投資我們認為稀少的東西。任何東西看起來愈稀少，我們愈想投資。上市股票首次公開發行的時候，承銷者往往運用超額申購，充分發揮這種偏差的效應。

　　所以，稀有性偏差排除了那些看起來充裕的機會。許多容易取得的投資機會都顯得不理想，供應充足似乎等同於素質不良。

　　稀有性偏差也可能影響賣出行為。當我們擁有的股票出現基本面條件惡化，但股價還沒有下跌，我們可能會拖延賣出，以為可接受的賣價一直都會存在。

　　（16）手氣發燙，也就是熱手謬誤（hot hand fallacy），[5] 這通常發生在一系列好的投資結果之後，儼然就是連勝的氣勢。一旦被這種偏差影響，我們總覺得下一次買進也會發揮點石成金的效果，一定會繼續成功。

　　這種偏差也可能發生反向效應，一旦連續發生幾次不好的結果，投資人可能就會被影響而縮手。換言之，他們認為手氣

可能持續不順。

（17）不當對照（miscontrast）促使我們選擇那些當下相對不錯，但絕對績效並不理想的機會。在這種謬誤之下，人們認為目前機會罕見，必須降低標準，更認為這種狀況會持續下去。於是，大部分資金可能因此套牢在微小績效的投資裡，真正的好機會來臨時卻缺乏資金可用。換言之，這種偏差剝奪了現金的選擇價值。在股價普遍偏高而便宜的投資機會罕見的市況裡，不當對照的偏差就會浮現。

（18）意外之財造成的冷漠。當人們突然收到一筆龐大的意外之財，比如突然而來的遺產，或出售家族事業所得的價款，可能會因此發展出一種漫不經心的投資心態。他們可能會投資泡沫化的新上市公司，或投機性新興市場證券。他們似乎故意要把財富恢復到過去的水準。

意外之財會形塑冷漠心理，這種偏差是不難理解的。投資者降低了既有的投資標準，可能是因為他意識到資金已經不如過去那般稀有。這種態度也讓人享受到一時的快感。可是，大意的投資終將導致實際虧損，財富充裕的快感瞬間即逝。這種偏差雖然聽起來有些兒戲，卻會帶來真實的嚴重後果，應該及早排除。

選擇投資機會時，如果出現某種可能帶來錯誤判斷的偏差心理，並不意味著該投資機會就必然有問題。唯有當認知偏差主導了決策程序，壓倒了客觀思維，才會構成傷害。例如，觀

察某個我們推崇的投資人，是發展投資構想的合理方式之一，並不代表我們的行為受到權威偏差影響——除非我們觀察了對方的行為之後，做了某一筆我們的投資模型所沒有建議的投資。

因此，我們應該拒絕的，是來自於認知偏差的判斷。所謂來自於認知偏差，即表示該判斷單純因為這個偏差而產生。

好幾種認知偏差可能同時作用。舉例來說，一家備受推崇的投資銀行承銷某一支新上市的股票，出現了好幾倍的超額認購，這可能意味著權威偏差與稀有性偏差同時發生。數種認知偏差可能彼此強化，產生更嚴重的影響。至少對我來說是這樣。

本書〈前言〉提到我曾經犯下三個投資錯誤。每一次犯錯都同時涉及好幾種認知偏差。

首先，當可口可樂股價已經明顯超過企業價值，我卻沒有及時賣掉股票。為什麼？親和性發揮某種程度的作用，因為我喜歡該公司享有的偶像等級地位。權威偏差也發揮作用，因為我崇敬的某位基金經理人持有股票。另外，一致性偏差也配合發揮影響，因為繼續持有股票能夠確認我過去對該公司永續價值的推崇。

至於太早賣出耐吉的股票，情況又如何呢？定錨偏差驅使我這麼做，因為股價已經遠超過我當初買進的成本。權威偏差也造成影響，因為某個著名投資人剛剛賣掉了耐吉股票。共識

偏差同時扮演類似角色，因為大多數我留意的基金並未擁有或已經賣出耐吉股票。

我沒有及時買進穆勒工業，也是受到許多誤判所影響。混雜偏差發揮負面作用；對我的投資組合來說，穆勒僅僅是另一支工業股票，沒什麼特別。不當對照也發揮負面作用，因為穆勒是我當時考慮的好幾個選擇之一。最後，獨特性也可能產生作用，因為這個機會是同業向我推薦的。

慶幸的是，所有這些錯誤都是多年前的事。可是，我知道自己仍然可能犯下相同的錯誤，因此隨時保持警戒。

投資人其實也從這 18 種認知偏差享有某種形式的好處。例如，我們可以同理某些人受到共識偏差的影響。投資人所做的某些錯誤決策，可能因為當時其他人都犯下了相同錯誤而被體諒。通過共識偏差的概念來檢視，誤判變得合理。

然而，如果沒有誤判，卻做出錯誤行為，那又是怎麼一回事呢？

我見過這類案例。2008 年金融危機爆發時，我認識的幾個人都紛紛拋售持股，即使這麼做讓他們損失慘重。他們都是精明的投資人。他們熟悉各種認知偏差的概念，當時也沒有資金需求，而且心中相當確定價格遲早會重回高檔行情。這些人當中，甚至有一位是行為經濟學領域的先驅學者。可是，他們都賣出了，看起來好像故意想要失敗。為什麼？

這種明知故犯的行為並非罕見，人類也無從探求答案。古

希臘哲學家亞里斯多德稱此為 *akrasia*，也就是缺乏自制的意思。

亞里斯多德在《尼各馬科倫理學》（*Nicomachean Ethics*）裡提及，缺乏自制的情況有兩種類型。即使沒有判斷錯誤，這兩種缺陷也可能成為投資人的行為陷阱。

缺乏自制的第一種形式是衝動（impetuosity）。這是基於強烈需求而展開的行動，沒有經過深思熟慮。這種意念難以抗衡，因為衝動非常接近於直覺本能，而直覺本能的確在運動領域、人際關係與生活的其他層面給我們帶來幫助。

想要克制衝動，關鍵在於體認這種衝動稍縱即逝的本質。意念浮現時，感覺非常強烈，但也往往瞬間退卻。可是，在衝動的影響之下所做的抉擇，卻會持續存在，可能造成資本的永久性損失，這種結果絕非稍縱即逝。

第二種缺乏自制的展現形式則是意志薄弱（weakness）。這是經過謹慎思考之後屈服於激情，於是做出各種明明知道非常愚蠢的事情。[6] 前文提及我認識的人在金融危機爆發時的拋售決策，就展現了這種缺乏自制的行為。

意志薄弱和導致判斷錯誤的認知偏差，兩者可能看似相似。設想股價在沒有明確理由的情況下暴跌，持股者陷入恐慌而拋售股票。投資人因為厭惡虧損而賣出股票嗎？或者，他們實際上瞭解賣出行為是錯誤的，卻因為意志薄弱而臣服？當然，兩者必定有某種程度的重疊。可是，這種粗略的區分能夠

為我們提供更多訊息，透過許多不同的角度辨識行為中的錯誤。

缺乏自制會造成麻煩。這是人性最脆弱的一面。我們很難瞭解其中原由，但這的確是真實存在的。不論有意或無意，人們沉溺於所有會傷害自己的行為。投資人一旦陷入缺乏自制的行為模式，造成的必定是持續性的經濟損害。

亞里斯多德是前文提及的四位思想家之一；透過亞里斯多德的學說，我能夠更透徹地瞭解人類的思考模式。我充分認同他對於人類缺乏自制的觀點。

另外幾位都是當代的思想家。其中一位是羅伯・席爾迪尼（Robert Cialdini），他是美國的心理學教授，曾經鑽研銷售行為。他發現，好的行銷專家會綜合運用六種方法激勵顧客的購買意願，其中包括親和性、權威、承諾與一致性、共識、互惠，以及稀有性。價值投資人大可從另一種角度去運用席爾迪尼的發現——將這六種方法視為不應該採取投資行動的理由。

席爾迪尼的著作《影響力》（*Influence*）展現了神乎其技的說服力，那是提煉自他的學術研究成果的精華。投資人必定能夠受益於他的著作，那幾乎就是我們所能夠想像的，對價值投資實務最有貢獻的著作之一。

另外兩位專家是心理學家丹尼爾・康納曼（Daniel Kahneman）與阿莫斯・特沃斯基（Amos Tversky）。他們兩人的最大貢獻之一，就是將人類思維中的種種認知偏差攤開在世

人眼前。

相較於我在 1989 年剛踏入投資領域的時候，現在的投資人可能因為錯誤判斷與錯誤行為而承受更大的傷害。過去，促使投資人採取行動的新聞通常來自實體報紙。想要進行交易，你必須放下報紙，拿起電話機，撥打給股票經紀人，然後下單。這種遲緩的程序，讓各種倉促決策有機會重新被考量，理智也可能在這個過程中恢復過來。

網際網路消滅了所有這些斷電器。現代投資人經常在電腦上的某個視窗瀏覽新聞，同時透過另一個視窗開啟線上經紀商平台進行交易。如果使用智慧型手機，投資人甚至可以邊走邊交易。這種流暢的交易程序，讓投資人根本沒有機會攔阻或修正錯誤決策。所以，納入某種程序以琢磨投資過程中的反射行為，在現今的環境下變得更重要。

一旦接受了心理學作為一種力量的存在，我們就可以善用這股力量。每一次遞出買單或賣單之前，我都會先檢視 20 個項目，包括 18 種認知偏差，以及兩種自制缺失的型態。我會自問，我受到權威偏差的干擾嗎？我受到互惠性偏差干擾嗎？針對其他偏差也提出相同的問題。這個程序並不會太冗長，有時候恰好能夠提供足夠的反省時間，避免做出傻事。我仍然會犯錯，但心理層面的錯誤變得比較少了。

知道某種活動存在危險，往往就能有效預防。這也就是我們要對各種錯誤判斷和錯誤行為的根源貼上標籤的原因。這種

做法有助於我們及早察覺認知偏差的影響。每當我們發現這類思維即將產生作用時，就可以停頓下來，重新站穩腳步，採取最符合長期利益的行動。

摘要

投資人的錯誤判斷通常來自下列 18 種認知偏差的影響：

❶ 親和性（affinity）

❷ 互惠性（reciprocity）

❸ 定錨（anchoring）

❹ 權威（authority）

❺ 可得性（availability）

❻ 聰明（cleverness）

❼ 不可理解性（incomprehensibility）

❽ 共識（consensus）

❾ 獨特性（peculiarity）

❿ 混雜（intermixing）

⓫ 一致性（consistency）

⓬ 確認（confirmation）

⓭ 希望（hope）

⓮ 厭惡虧損（lossophobia）

⓯ 稀有性（scarcity）

⑯ 手氣發燙（hotness）

⑰ 不當對照（misconstrast）

⑱ 意外之財造成的冷漠（windfallapathy）

投資人的錯誤行為通常來自下列兩種自制力缺失的型態：

❶ 衝動（impetuosity）

❷ 意志薄弱（weakness）

PART 3

維護

投資組合與賣出

對於一支我瞭解的好股票，如果價格便宜，我就會買進。可是，買進多少呢？

我採用的法則很簡單。只要我擁有充裕的未投資現金，我就會建立相當於投資組合 10% 的部位。我知道有些頂尖投資人採用非常複雜的方法決定投資部位規模，但我不認為那些方法會更實用。

針對某支股票建立一個占投資組合十分之一規模的部位時，如果感到不安，那麼我會捨棄這支股票。如果信心不足，我不會建立規模較小的部位，我會乾脆不買。

堅強的信念很重要，因為買進某支股票之後，價格幾乎肯定會下跌。這是基於另一個近乎確定的法則而言的：買進價格不太可能是最低點。股價創低點時，不會向你發出邀請。所以，我們不可能知道最低價什麼時候會出現。精明的投資人知道自己無法掌握最低點。

因此，我不希望單一股票的部位規模超過投資組合的十分

之一。這是為了避免其他買進機會出現時，卻苦於現金不足而錯失機會。

買進是建構投資組合的一個層面。另一個層面則是賣出。

賣出涉及兩個問題。第一個是稅金。第4章提到，獲利了結而賣出股票，通常都會涉及稅金的問題。至於稅金如何侵蝕長期報酬，我們最好透過例子來說明。

設想兩個投資組合，各以現金起步，只購買不分配股利的股票，並且在 30 年之後結束部位。假設賣出的任何股票一律課徵 30% 的長期資本利得稅。

第一個投資組合運用所有的現金在第一天買進股票。投資組合的價值每一年成長 15%，而且從來不賣出股票，直到 30 年後結束部位為止。部位結束時，立即支付所有應該支付的稅金。

第二個投資組合也運用所有的現金在第一天買進股票，投資組合的價值每年上漲 15%。可是，投資人每年汰換這個投資組合。每年年底，投資人賣掉所有的股票，然後運用課稅之後的價款，立即購買不同的股票。如此經過 30 年，然後結束全部部位。部位結束時，同樣立即支付所有應該支付的稅金。

30 年之後，第一個投資組合結束部位之後的現金當然比較多。可是，真正讓人驚訝的是兩個投資組合的差距。第一個投資組合的價值，是第二個投資組合的兩倍。原因是，第二個投資組合每年所支付的資本利得稅，讓該組合在下一年享有

15% 成長的本金減少。換言之，持續支付的稅款，破壞了資金的複利效應。

　　反之，第一個投資組合的投入資本從來都沒有減少，每年繼續享有 15% 成長的本金比較大：

http://www.goodstockscheap.com/17.1.xlsx

　　當然，股票投資組合不太可能每年都成長 15%；而且賣掉所有股票之後，也不太可能立即買進另一批股票。另外，例子中的 30 年期也是任意設定的，30% 的資本利得稅也未必適用於每個人。可是，這個例子即使再簡化，仍然能夠突顯經常賣出股票所必須付出的代價。

　　賣出股票將涉及的第二個問題，在於尋找替代投資對象。我們所瞭解的理想公司，不可能每天都在大促銷。這種機會通常不容易找到。所以，如果你不是因為急需現金而賣出，則每一次賣出股票都是另一場大搜尋的開始。

　　即使存在這個問題，在某些情況下，我們的確應該賣出股票。我認為這類情況有四種。第一，價格如果已經遠超過價值，EV/OI 超過 25 倍，而且沒有任何反向的支持證據，我們也就不再有理由繼續持有股票。

　　第二種情況是，原本以為值得買進的公司，後來卻發現實際上並沒有那麼理想。這可能是因為當初的分析錯誤，也可能

是新進者的威脅比當初預期的更強大，或市場成長狀況不符預期。這種情況也可能是外在環境變化所導致。或許某家過去無往不利的連鎖零售店，再也禁不起網路賣家的競爭；又或者市場自由化導致原本受法規保護的業者喪失優勢。

一致性認知偏差可能讓持股者難以察覺這種變化。投資人可能會為了證明自己正確而繼續持有。可是，分析結論確實可能改變，外在環境可能不復相同。在這種情況下，賣出可以避免部位演變為重大虧損，也可以避免錯失其他更好的投資機會。

第三種情況是相關股票被收購。上市公司有時候會被併購。第 14 章提到，併購價格通常都顯著高於最近成交價格。併購交易可能需要股東投票同意，但對於大股東之外的持股人來說，這只是表面敷衍的程序，一般股東根本沒有發言權。

我曾經碰到多次這類併購。我不太樂意，因為這會讓原本很好的投資演變為課稅事件。可是，如果能夠賺錢，而且沒有其他可行的替代方法，則當然沒有理由不接受這類交易。

第四種情況是，當時需要現金投資某個更好的機會；也就是說，我認為新的投資機會比既有部位更理想。問題是，我們以為這類投資點子正在綻放希望，往往只是因為那是新玩意。希望偏差大有可能造成傷害。因此，每當自以為碰到這類狀況時，我總是非常懷疑自己抱持的理由。事實上，我從來沒有僅僅為了買進另一家公司而賣掉既有部位。

有兩種常見的賣出理由，總讓我覺得困擾。其中一種是重新平衡（rebalancing）。換言之，股價上漲而造成部位規模不成比例地擴大，因此必須賣出部分持股。

對於那些把整體投資組合的價格波動率視同於風險的投資人，重新平衡的確是合理的做法。可是，我並不這麼想。所以，從賣出的那一個層面來說，我從來不認為重新平衡有什麼好處。不過，就買進的層面而言，我認為至少有一些道理；除非賣掉部分持股，否則部位規模的比例下降意味著股價下跌。股價變得比較便宜，的確可以多買一些。然而，就賣出的層面來說，我認為重新平衡只不過是定錨偏差在發揮作用。

另一個常見的賣出理由，是為了證明某一筆投資成功。換言之，賣出代表某種形式的終點線。這個做法透露了某種觀念──現金比股票更真實。

其實不然。現金與股票只是儲存財富的兩種不同形式。未實現利得本質上並不會比已實現利得更不具體。相較於睿智地持有股票，賣出未必更能夠彰顯投資能力。

除此之外，還有另一種賣出的理由，但只適用於避險基金之類的機構投資組合──那就是經理人報酬的問題。

第 1 章提到，投資基金通常支付經理人 2% 的管理費；另外，獲利一旦超過某個門檻，經理人可獲得超額利潤的 20% 作為績效獎金。績效獎金依稅前報酬計算，也就是不受稅金影響。基於這個理由，相較於有限合夥人，專業經理人更熱衷於

賣出股票。除非免繳稅金，否則有限合夥人必須為基金實現的獲利承擔絕大部分的稅金。

投資人總是面對強烈的賣出衝動。賣出的感覺很好，代表終結，讓經紀商對帳單轉換成為賀卡。可是，賣出也會引發稅金費用；而且，如果沒有現金需求，賣出之後也就必須迫切尋找另一支適合投資的股票。睿智的賣出行動必然有明確的理由：價格過高、分析錯誤、環境變動、併購交易，或者市場出現更好的機會。如果沒有明確的理由，我就繼續持有。

即使沒有積極賣出，股票投資組合也會透過兩種方式產生現金。第一種方式是前文提到的併購交易。

其次是股利。股利金額往往非常可觀；單純觀察股息殖利率的話，可能難以體會。

我們知道，股息殖利率是年度股利除以目前股價。可是，對於持股者來說，分母不會改變。

我最初買進耐吉的股票時，股息殖利率大約是 2%。十年之後，我賣出股票時，股息殖利率仍然是 2%。可是，我的股息殖利率，也就是目前年度分配股利除以我當初買進股票的成本，則接近 10%。股利會隨著時間而提高，但我當初買進的成本則始終維持不變。這就是股利經常被低估的原因，只有實際收取股利的人才能體會其中威力。

我的投資組合相當集中。我所持有的股票不超過十來種，而且通常遠遠更少。分散投資本來就不是我的目標；許多頂尖

股票投資組合都採用分散投資的方式，但我不是。

　　根據我的長期觀察，集中式投資組合的績效往往比分散式投資組合更理想。分散式投資組合的性質更像股價指數，由更多不同的股票組成。投資組合看起來愈像股價指數，行為也就愈像股價指數。同時模仿某種東西，卻又想超越模仿對象，是一件相當困難的事。

　　當然，不好的集中式股票投資組合很容易落後分散式投資組合。火力集中並不足以保證優異績效。然而，如果審慎地建構，納入少數價格便宜的好股票，這種投資組合非常值得期待。

　　我沒有在股票組合之內進行分散投資，卻在投資組合之外達到分散的效果。我手邊總是備有供好幾年花費的現金。隨著年紀愈來愈大，我預期會保留更長時間所需的現金。

　　這些都是股票投資組合以外的現金，不是為了買股票而準備的現金，而是存放於聯邦機構承保的銀行。這些現金如果沒有被花掉，就永遠是現金，不做其他使用。

　　有了這一筆另外隔離的現金，讓我有信心承受集中式股票投資組合不可避免的價格大幅擺盪；我也因此能夠以長期投資的眼光看待我的投資組合。2008 年金融危機期間，雖然持股價格被腰斬，但我並沒有因此恐慌。我知道我有足夠的生活費用；我完全沒有恐慌的理由。

　　很多政府都有專屬機構擔保銀行存款，每個國家提供的擔

保都各有不同。在美國，聯邦存款保險公司（Federal Deposit Insurance Corporation）通常擔保高達 $250,000 的存款。英國的金融服務補償計畫（Financial Services Compensation Scheme）可以擔保 £75,000。加拿大的加拿大存款保險公司（Canada Deposit Insurance Corporation）則擔保 C$100,000。

隔離的現金存款，就是避免碰到緊急狀況時為了現金而被迫賣出股票部位，所以這些現金最好不要超過存款的保險限額。在幾家不同的銀行分別開立帳戶，並不是一件太困難的事。

這些隔離的現金，最好以日常開銷的幣別持有，否則匯率波動會造成干擾。

就本文撰寫時，英鎊兌換美元的匯價跌到 30 年來的低點。這是英國決定脫離歐盟的後續效應。[1] 一些美國投資人認為這波英鎊匯價跌勢已過度反應，因此開始投資英鎊。

對於花費美元的人來說，這些英鎊存款不算隔離現金，而是外匯投資。

另外還有兩種看似隔離現金的存款，但實際上並不是。第一種是定期存單（certificates of deposit，CD）。在美國以外的大多數地區都稱為定期存款（time deposits）。這種存款的利率高於一般的活期存款；可是，存款有一定期限，想要提前領取，除了必須放棄額外的利息，通常還另有罰則。

如果 CD 利率顯著高於一般帳戶利率，理論上可以把部分

隔離現金存放在 CD。可是，必須確保存入金額在存款期限內不需要動用。

儘管如此，我還是決定不做定期存款，因為現金需求往往難以事先預測，我寧可讓自己可以隨時動用隔離現金。

另一種看似隔離現金的形式是貨幣市場基金。這類基金提供的利息也超過一般銀行存款。投資於商業本票的基金就是一例。商業本票是由企業發行的短期借據。

這類投資工具通常就像現金一樣，可以用來支付帳單。可是，我也見過這類基金突然不能提領的情況。我認識的某個人曾經在金融危機期間突然發現她往來的金融機構禁止投資人贖回這類基金。所以，她一時無法利用基金裡的錢付款。

這種不能立即變現的風險，就是各種替代現金的問題。準備隔離現金就是為了在股票行情波動期間免於金錢的擔憂。如果為了支付費用而準備的現金突然無法使用，那麼這筆現金的存在就完全沒有意義了。一旦陷於這種情境，你仍然必須為了迫切的現金需求而低價拋售股票，股票投資也就失去了意義。

現金當然也有問題。隨著時間經過，通貨膨脹會耗損現金的購買力。政府如果採行擴張性貨幣政策，即政府印製鈔票，這種現象就會更加惡化。可是，如果持有政府承保額度內的現金，至少可以保證現金永遠存在。隨時可供運用的充裕現金，讓投資人不僅比較容易忍受股票投資組合的價格波動，甚至可以全然不受影響。

摘要

❶ 投資人要有充分的信念,因為買進某支股票之後,價格很可能會下跌。

❷ 在以下這些情況,賣出股票是合理的行為:價格遠超過價值、相關企業不符合預期、發生併購交易、出現更好的機會。

❸ 賣出股票可能引發的問題,是稅金費用,以及被迫另尋其他機會。

❹ 如果賣出股票是為了重新平衡、慶祝成功,或者為了讓從業人員創造報酬,則這類理由值得進一步琢磨。

❺ 即使不賣出股票,股票投資組合仍然可能透過併購活動與分配股利而為投資人創造現金。

❻ 長期而言,好的集中式股票投資組合比分散式股票投資組合表現得更好。

❼ 存放於政府承保存款帳戶的隔離現金,可以讓投資人免於投資組合價格波動的困擾。

CHAPTER

18

⟨⟨⟨$⟩⟩⟩

道德立場

　　如果某一家我們考慮投資的企業做出了一些違反道德的行為，那該怎麼辦？

　　沒有違法。沒有觸犯任何法規。只是不正確。可能是某種違反顧客權益的行為，或者公司的策略或領導方式有違道德標準。

　　大型公司可能運用市場主導地位，迫使某家小型家族事業倒閉。或許公司管理團隊有性別或種族歧視之虞。或許企業產品本身有問題，可能不健康、具有成癮性，或者對使用者帶來危險。

　　不論是什麼，總之你的教養、宗教，或只是對人類文明的某種信念，都向你傳遞了一種訊息：如果沒有這家企業，這個世界應該會變得更好。

　　我不是從道德家的立場提出這個議題。我不是哲學家、傳教士或神職人員。我是基於實務理由提出這一點。

　　想要達成長期稅後績效，投資人必須長期持有好企業的股

票。投資組合裡持有的企業，如果符合自己的道德立場，應該會更容易一些。沒有必要尋找典範，或苛求企業做出某些值得讚揚的事；只要符合道德標準，就足夠了。否則，當投資人突然對某種原則或理念覺醒時，可能受促於非經濟理由賣出股票。如果這種情況又遭逢股價大跌的時期，必定有損財務健全。

因此，我們最好及早界定自己的道德意向。我見過睿智的投資人運用下列四種方式處理這個問題。

第一種方式是採取無道德感（amorality）的態度，不從道德立場看待投資。這種態度把資金管理視為道德考量範圍之外的活動。換言之，這些投資人將財富累積視為投資的倫理。

第二種方式是我所謂的道德迴避。這類投資人不投資那些有道德瑕疵的企業。他們有一個迴避清單，往往排除了生產某些如香菸與槍枝等產品的企業。

第三種方式是道德肯定。換言之，只投資符合某種理想特質的企業。他們有一個優先的事業清單，通常會肯定生產某些產品如再生能源的企業。

第四種方式則是所謂的道德積極主義。這類投資人故意買進具備不當特質的企業，目的在於從股東立場進行改革。他們認為，相較於一般大眾，身為股東更能積極改變公司；例如，投資人或許可以透過股東大會進行股東提案。

我提出這四種倫理立場，不是為了鼓吹其中的某一種立

場。我的目的，在於鼓勵投資人挑選以上列舉的其中一種態度，或某種調整後的變異，避免將來妨礙投資績效。

務實或許不是投資人界定道德立場的唯一理由。可是，這往往是最容易被接受的。人們的道德觀念雖然可能隨著時間而改變，但相較於投資人特質的其他面向，我發現道德立場的變動其實很有限。換言之，這是一種永續相隨的人格特徵，投資人或許應該及早有所意識，否則可能需要為此付出一些代價。

摘要

投資人可以採取四種不同的道德立場：

❶ 無道德感

❷ 道德迴避

❸ 道德肯定

❹ 道德積極主義

19

創造投資點子

　　價值投資模型需要輸入投資點子。這些投資點子可能有各種不同來源，其中有一些比較可靠。這個章節將闡述其中的七種。

　　第一種來源是負面新聞。關於企業的新聞報導經常強調事件的極端成分，並且透過新聞標題而被擴大、強化。新聞標題激起人們的反應，有時候反應會過度。這可能導致股價巨幅擺動，遠遠超過相關新聞應該發揮的正常效應。

　　過度反應不僅來自散戶投資人，專業基金經理人也參與其中。舉例來說，避險基金不希望在季末申報持股時讓有限合夥人感到恐慌，因此可能在某些暫時性的負面風波中拋售基本面全然沒有問題的企業。

　　有時候，新聞確實有理由誘發股價跌勢，但市場呈現的跌幅過於嚴重。以百威啤酒的製造商安海斯－布希（Anheuser-Busch）公司為例。2005 年，新聞報導表示啤酒的時代已經結束了。[1] 伏特加紅牛之類的雞尾酒逐漸在年輕人的圈子裡流行

起來。根據我的分析，安海斯－布希的核心事業的確蓬勃發展。可是，該公司股價仍然應聲暴跌。

當時，我的父親剛好邀我到舊金山看棒球賽。我忘了客隊是哪一支，也不記得哪一方贏了比賽。可是，我記得我所看到的：人們狂喝啤酒。

我的觀察當然稱不上是精密的市場分析。而且，這是發生在美國的棒球場，是一個人們原本就會喝啤酒的場合。可是，我看到的是現實，啤酒的時代顯然還沒有結束。不久之後，我以每股 $45 買進安海斯－布希股票。

過了三年半，2008 年的 11 月，安海斯－布希被併購，每股價格為 $70。包含股利的話，這筆投資提供了 15% 的年度平均報酬率。就像第 17 章提及的，我既不期待，也不樂見併購交易。可是，賺錢納稅還算是一種可以忍受的財務痛楚。

也有另一些情況，新聞事件誘發的股價跌勢完全合理。舉例來說，2015 年 9 月，福斯汽車（Volkswagen）爆發排放醜聞而導致股價暴跌。[2] 截至本文撰寫時，事件仍在發展中，但已很明顯是該公司內部有意規避法規而引發，事態相當惡劣。另外，即使在這個危機爆發之前，福斯原本就稱不上是好企業。該公司的 ROCE 表現不佳。對明智的投資人來說，這顯然不是一家適合持有好幾十年的好投資。

在一些罕見的情況下，新聞誘發的股價變動可能全然沒有道理。有時候，與某家公司相關的新聞報導所引發的效應，牽

連了另一支毫無關連的股票。例如，社群網站 Twitter 準備在 2013 年 11 月承銷上市，選擇的報價代碼是 TWTR，結果卻引發了另一支報價代碼為 TWTRQ 的公司股票呈現劇烈波動。[3]

負面新聞也可能與真實的災難相關。安全漏洞會破壞隱私、火車出軌造成傷亡、食物病菌引發疾病。任何有良心的投資人，當然都不希望這類災難發生。

可是，危言聳聽的報導可能引發全然沒有道理的混亂情勢。價格與價值之間的缺口可能大開。精明投資人的工作就是修補這些缺口。糟糕的新聞報導，可能創造絕佳的投資機會。

投資點子的第二種來源是拆分上市（spin-offs）。拆分是指上市公司的某個部門另外掛牌上市。

拆分上市程序通常是把新獨立機構的股票，透過股利的形式分配給舊有企業股東。接著，這些新股票開始進行交易。

舊企業的股東當中有一部分是機構法人。當拆分後的股票開始進行交易時，這些機構投資人通常直接賣出股票，因為新股票並不符合相關機構的持股條件，例如公司未達最低的資本市值。這些賣出行為往往驅使股價下跌；如果新拆分的公司條件理想，那麼這些股票相當值得擁有。

投資點子的第三種來源，是法定申報資料。許多國家的政府規定大型投資人定期申報持股。這些申報文件屬於公開資訊，一般人都可以查閱、比較這些資料，追蹤某些優秀專業者的持股。

在美國，基金經理人的管理資產如果超過 $1 億，就需要每季申報所持有的美國掛牌股票，除了少數例外情況。這種申報文件稱為 13F，必須在每季結束的 45 天之內申報。投資人可以在每年 2 月、5 月、8 月與 11 月中旬到美國證管會網站（www.sec.gov）查詢或下載這些 13F 文件。

搜索 13F 資料時，實際上存在許多限制。瞭解了這些限制，才能加強這方面的操作。

第一種限制在於投資人必須知道哪一些專業投資人值得追蹤。績效表現傑出的共同基金經理人很容易辨識，因為他們的操作紀錄完備，而且公開。可是，私募基金經理人只與客戶分享資訊。有些專業玩家隸屬於金融機構，甚至是上市公司，負責管理內部投資組合，可能從來不公布詳細的歷史資料。

實際看到績效紀錄之前，我們很難判斷哪一些專業經理人值得追蹤。名氣並不等同於績效。我經常看到一些著名的基金經理人表現往往落後市場，而績效真正傑出的投資人卻默默無聞。

第二種限制在於 13F 文件只公布多頭部位，不公布空頭部位。有些經理人專門從事多、空配對交易；換言之，多、空部位搭配成為單筆交易。對於這類交易，如果只參考多頭部位，將造成嚴重誤導。

第三，13F 文件沒有披露買進股票的交易價格。投資人可以搜尋當季的最低價格，然後確認實際成交價格不會低於當季

最低價。可是，除此之外，恐怕沒有更詳細的價格資料可供運用。

第四種限制是時間落差。每季結束後的 45 天之內，申報資料中的某些股票可能早已經被賣出。同理，某些賣掉的股票，可能又重新買進。

第五，申報資訊本身可能導致股價上漲。著名的基金經理人一旦買進某支股票，可能引起盲目跟進，結果導致原本具有吸引力的便宜股價不復存在。

第六，首度出現在 13F 申報文件的股票，可能不是因為買進而取得，實際上是因為拆分上市而擁有。基金經理人取得這些股票之後，甚至可能在申報之前就開始賣出。所以，資料內容所代表的實際含意，可能與表面意義全然相反。

第七，權威偏差可能導致投資人盲目模仿。心理紀律缺乏的投資人，可能毫不考慮地模仿某個投資大師。可是，大師也可能犯錯。比較理想的方式是，把 13F 文件上出現的股票視為初步篩選，引導投資人針對值得分析的對象進行考察。

另一種相反的認知偏差，可能促使投資人排斥 13F 報告；那就是獨特性偏差。在這種偏差的作用之下，針對 13F 文件的資料探勘程序，看起來就像是鸚鵡學舌，甚至有些卑劣。然而，那是不正確的態度。我們看看以下的譬喻。

設想市中心一家餐館的經營者，每季都會收到某個權威機構的通訊，敘述全國最成功的餐廳業者最近的動態。其中一季

的報告可能說明某個業界楷模的汽水價格漲了 5%，另一季的報告則顯示該業者最近購置了新的油鍋設備。通訊裡都是諸如此類的資訊。

這位餐廳經營者會不會把通訊擱置在一邊而不閱讀呢？當然不會。這份通訊提供的資訊值得參考，可能包含有用的訊息。這就像是我們想像中的產業通訊，不僅資訊精確，而且免費。另外，單純閱讀這份通訊，並不代表這位餐廳經營者有所承諾。

全然忽略 13F 報告的投資人，就像把通訊擱置一旁的餐廳經營者；這種行為不僅古怪，而且自我設限。比較理想的處理方式，是在充分意識到其缺陷的情況下閱讀這些資料，從中汲取有用的知識，卻不至於喪失自主能力。投資人沒有必要模仿別人，就像餐廳經營者沒有必要跟著購置油鍋一樣。資訊披露並不等同於行為指示。

投資點子的第四種來源，是企業重組（reorganizations，或簡稱為 reorg），這往往代表企業的轉捩點。相關事件可能是企業合併、資本結構的重大變動，或出售主要部門。企業重組通常涉及複雜的程序與繁瑣的細節，唯有擅長這方面事務的投資人才能梳理出頭緒。

由於程序複雜，很多投資人望之卻步，於是限制了潛在買家的數量。股票可能會因此而被壓低。

投資點子的第五種來源，是小額資本股票（small

capitalization stocks），也稱為小型股（small caps），這類股票的資本市值通常不超過 $20 億。

這種規模的企業，機構投資人往往不會買進，理由有兩點。第一，根據規章，某些法人機構不被允許購買資本市值低於某個門檻的股票。第二，即使允許購買小型股，這種投資對他們而言也難以發揮效益。

設想某個資產管理規模達 $500 億的基金，看上了一家頗具潛力的小型公司，資本市值是 $5 億。即使買進該公司股權的 10%，而且股價上漲一倍，這對於整體基金績效來說，影響微乎其微，獲利不過是 0.1%。所以，這種投資實在不值得花費工夫。

由於前述兩個因素的影響，很多大型資產管理業者根本不願意碰觸小型股。小型股的價格可能因此被低估，對小型投資人來說，可能是潛在機會。

小型股投資可能帶著某種積極主義的性質，想要改變相關企業的經營狀況。小型股投資人可能基於兩種理由介入公司經營。第一，有時候，這是必要的行動。小型股的經營團隊可能因為公司不受大型機構投資人的青睞，而趁機做一些在正常監督之下不能做的事情。第二，採取行動完全可行。相較於大型企業，投資人可能更容易接觸小型股的經營者。總經理可能迅速回覆外界的電子郵件。總之，小型股投資往往需要較深層的介入，而這也是某些投資人樂於參與的。

投資點子的第六種來源，是股票篩選器（stock screeners）。這是網路上提供的篩選工具，根據定量參數為投資人篩選股票；這些工具採用的通常是價值評估衡量。例如，我們可以根據股票的價格對帳面價值比率進行排序而建立追蹤清單。

股票篩選器並不是我喜歡採用的工具。任何企業的長期投資人，都應該瞭解企業的經營狀況，評估該企業是否優良；如果優先考慮價值因素，顯然是本末倒置。另外，股票篩選程序經常突顯企業的外在財務狀況，這未必是長期投資人關注的事。儘管如此，許多頂尖投資人很喜歡運用這類工具提供投資點子。

投資點子的第七種來源，是機緣巧合。這裡強調的是一種在日常生活中隨時準備好迎接新點子的心態。所以，投資人必須與外在世界保持互動。這種發現新點子的途徑雖然仰賴機緣，卻不是隨機。重點在於投資人的開放心態。

我最初深受瑞典百貨商場克勞斯吾松（Clas Ohlson）所吸引，因為我每一次來到該公司的斯德哥爾摩分店時，總會看到很多顧客在**購買大量商品**。於是，我決定分析這家公司，結果發現這是一家好企業。如果我沒有隨時準備好接受這類機緣巧合而得的投資點子，或許就不會注意到這家公司。

順便一提，這個案例的發展結果並不理想。股價一直都沒有便宜到足以讓我買進。另外，我對反向證據的搜索也似乎過

了頭。

　　我在瑞典旅行時，巡訪了各地的克勞斯吾松分店，確定人潮並不侷限於斯德哥爾摩。我發現四處的店面都人滿為患。然後，在某個週末的傍晚，我來到赫爾辛堡徒步區的克勞斯吾松商店。店面空空如也。看吧，終於逮到了。我留意每個走道，確定自己沒有疏忽任何一個顧客，後來有個女士在櫃臺後面對我喊著：「對不起，我們已經打烊了。」

　　對於你正在分析的企業，有時候也會因為機緣巧合而得到新發現。2012 年，我正在分析英國最大的零售連鎖店特易購（Tesco）。我所敬重的一些投資人都買進了這家公司的股票。我最近曾經到訪倫敦蒙克街（Monck Street）的特易購便利商店。一切都完全符合我的預期。

　　但某個機緣巧合的事件干擾了我的分析；一個月之後，我回到美國加州，從廣告中發現了一家新的超市連鎖──鮮捷超市（Fresh & Easy）。原來，這家連鎖超市是特易購擁有的品牌。於是我到了離我家最近的分店。產品素質很好，價格公道，而且店員服務周到。

　　店員的服務當然周到──因為我是店裡的唯一顧客。我停止了我的分析。不久之後，特易購的股價暴跌，部分原因是銷售額遽減，而我家附近的鮮捷超市在這方面想必貢獻良多。這家超市現在關門了。

　　在一些直接面對消費者的產業，比如零售業等等，機緣巧

合之下總是會有一些意外發現。這類產業的企業營運狀況通常向大眾顯露。可是，對於另一些營運狀況比較不易觀察的產業，我們也可能因為工作或生活背景的關係，而對這類產業中的某些公司相當熟悉。機緣巧合的意外發現仍然能夠發揮作用。

在日常生活裡，各種機緣巧合而得的訊息往往帶來意外的收穫。一切事物都在顯露跡象。運動鞋上的商標、飛機上的乘客人數、破舊電梯的品牌——我們的所見所聞，都不斷地在告訴我們：人們買什麼、廠商生產什麼、產品狀況如何。這不至於讓我們從此身不由己地保持著警戒狀態。相反的，那些源源不絕的點子就像水龍頭，而開關就掌握在精明投資人手中。

前述七種投資點子的來源，只是為模型提供啟發。沒有任何一種來源的投資點子特別值得我們優先處理。事實上，一旦被納入模型，投資人最好忘了相關點子的來源。

這種處理方式顯然有好處。如果我們忘了所分析的企業是拆分上市，還是某個頂尖投資專家所持有，或者剛好股價暴跌，我們也就可以排除許許多多不必要的認知偏差。我們因此能夠以客觀、清晰的態度，直接面對值得我們去處理的原始資料。

摘要

值得考慮的投資點子可能來自：

❶ 負面新聞

❷ 拆分上市

❸ 法定申報資料

❹ 企業重組

❺ 小型股

❻ 股票篩選器

❼ 機緣巧合

CHAPTER

20

《⑤》

價值投資百百種

講究價格與價值之間的差別，這是從事價值投資唯一必要遵循的原則。這是僅有的必須。除此之外，投資人可以透過各種不同的取徑從事價值投資。我認為，以下的八種範疇衍生出不同的投資方法。

第一，資產類別。本書早已提及，掛牌上市股票的長期報酬最理想。可是，投資人或許特別擅長於從其他資產類別擠出績效。有些人偏愛債券，另一些人喜歡投資房地產。這些都是較難耕耘的田地，但有些人的確表現得很好。

第二，投資期限。某些價值投資人的部位持有期限只有幾個月，另一些人則希望無限期持有。預設了不同的投資期限，往往就衍生不同的優先考量順序。

舉例來說，短期投資人關心催化事件，也就是投資人認為足以導致價格與價值之間的缺口封閉的事件。季報公布了意外的優異營運結果，可能就是一個催化事件；不受歡迎的管理者被解僱，也是另一種催化事件。

對長期投資人來說，催化事件並不重要；這類事件屬於相對短期的考量。我根本不考慮賣出，所以完全不在意這個因素。

第三，積極主義。前一章提到，某些投資人想要採取積極的行動，試圖改變企業經營狀況。這些人可以將自己視為催化因素。

另一種心態則是完全不介入投資對象的企業營運。這也是多數投資人的選擇，這種態度有好有壞。我稱此為非積極主義（inactivism），因為被動一詞早已經成為指數型基金的專屬名詞。

積極行動需要非比尋常的認真和堅韌態度。積極主義投資人通常具備這方面的特殊技巧，而且深受尊重；這個領域絕對不是一般投資人能夠涉獵的。

第四，分散投資。某些價值投資人持有分散式投資組合，構成股票可能有 50 種或更多。另一些人偏好集中式投資組合，持有的股票可能還不到 10 種。

持有多少種股票才可以稱為分散式投資組合？答案在某種程度上取決於管理資金的規模。對於價值 $50,000 的投資組合來說，持有十來支股票就可以視為分散式投資組合；反之，投資組合規模如果高達 $100 億，即使持有十幾支股票，火力仍然非常集中。

分散性投資組合的波動性較低，這當然是好事。可是，如

第 17 章強調的，投資組合愈分散，績效愈難以擊敗相關的股價指數。

想要瞭解這一點，不妨思考機率理論的大數法則。根據這項法則，實驗的次數愈多，平均結果就愈接近期望值。就投資來說，期望值就是大盤股價指數的表現。所以，投資組合持有的股票種類愈多，投資組合績效就愈接近股價指數表現——從大數法則的角度來說，每一種股票代表一次實驗。

在某些狀況下，價值投資人可能被迫持有分散式投資組合。小型股投資就是一例，因為每支股票可供交易的發行股數不多，而且數額很小。所以，對於小型股投資人來說，每增加 $100,000 的管理資產，可能就得被迫尋找新的投資對象，因為原本持有的股票沒有足夠的發行股數可供購買。

第五種，是素質的差別。我們的分析方法優先尋找素質絕對優異的企業，然後再考慮價格。我們強調歷史績效衡量、策略地位，以及企業對股東的友善程度。總之，我們尋找高素質的股票。

可是，另一類價值投資人可能同時考慮價格與素質；換言之，他們不介意買進垃圾，只要這些垃圾夠便宜。這些投資人也可能創造優異績效。

我的投資方法強調企業素質，這種態度也反映了我的其他偏好，包括非積極主義、集中式投資組合，以及長期投資。我必須確定只買進好東西，因為我不想要採取積極行動改變營

運；而這類好公司畢竟罕見，一旦發現了就永久持有。

這些偏好並非基於遠見或道德考量，而是有關稅金。在美國，未實現資本利得不需課稅；因此，在其他條件不變的情況下，繼續持有顯然有利。我把稅金策略與投資策略合併考量。

第六種，信用槓桿。信用擴張代表債務。信用擴張對企業經營的效應，也同樣發生在投資人身上：債務會擴大既有結果。如果投資人融資買進，好結果會更卓越，壞結果則瞬間變成災難。負面的後果讓許多價值投資人不願舉債。可是，不是所有人都這麼想。

第七種，複雜性。某些價值投資人偏好簡單的架構。他們喜歡買進單純的企業普通股。如書中的模型所顯示的，我就是這種類型的投資人。可是，另一些投資人喜歡複雜的結構。他們買進的可轉換債券，似乎只能在難以預測的狀況下才能夠轉換成普通股。他們喜歡投資處在發展階段，仍然未完成臨床實驗的製藥公司；或者，他們會投資一家未來成敗完全取決於當前某個開創性研究的科技業者。

這些投資人偏愛複雜情境，並不是受到聰明偏差的干擾。他們選擇複雜的投資對象，因為這方面的競爭對手比較少，很多投資人不願涉入這類錯綜複雜的局面。因此，這類股票的價格通常偏低。

第八種，放空交易。放空就是打賭價格將下跌。投資人在未實際擁有股票的情況下，借取而賣出股票，希望未來能夠以

低價買進股票，然後清償借券。

理論上，放空交易是相當有吸引力的。換言之，如果能夠找到價格高估的股票，就可以透過放空交易賺錢。可是，放空交易的實際操作可能相當棘手。證券可能不容易借取，借取費用可能偏高，軋空（short squeeze）可能導致原本應該大跌的價格反而上漲。

雖然有各種複雜考量，一些價值投資人還是會放空。可是，他們當中許多人是以代理人的身分操作，不是當事人。這類操作可以提高他們支領的報酬，因為放空操作能夠證明相關基金從事複雜的操作。本書第 1 章提到，業者試圖以這類特技表演來說服投資大眾支付偏高費用——2% 的基金管理費，外加 20% 的績效獎金。這是爭取較高報酬的門票。

前文闡述了形成價值投資人之間差異的八個面向，其中兩個頗值得懷疑。放空是其中之一，因為效果實在不太好。我不認識任何一個以當事人身分操作的投資人，能夠從放空交易取得優異的長期績效。

另一個值得懷疑的是擴張信用。在多數情況下，融資交易的確可以提升績效，但只要發生一次追繳保證金的狀況，就可能勾銷多年的努力。

儘管如此，我還是把放空交易與信用擴張納入本書的討論範圍，因為這些方法在某些情況下的確可能發揮作用。不過，那是高風險的範疇，相當於價值投資王國的後門，可能由此踏

入其他領域，擁抱某些較不踏實的策略。某些人認為這些都是無效的操作手段。從長期投資的觀點而言，哪一類操作偶爾無效，哪一類則根本無效，這兩者並不難區分。

摘要

以下範疇形成價值投資人之間的差異：

❶ 資產類別

❷ 持有期限

❸ 積極主義

❹ 分散投資

❺ 股票素質

❻ 擴張信用

❼ 複雜性

❽ 放空交易

21

保障資本

　　賠錢比不賠錢糟糕。這是明顯的道理。可是，這個事實的背後，還涉及一些值得討論的數學原理，有助於突顯價值投資人應該採行保守態度的理由。

　　設想某個投資組合在一年之內實現了 50% 的虧損。這並不是說年初持有的股票剛好在 12 個月之後下跌了一半。這裡說的，是已經實現的 50% 虧損。投資人在 1 月 1 日擁有某個額度的現金，隨後買進股票，然後賣掉股票，到了 12 月 31日，現金餘額只等於年初水準的一半。如何才能讓投資組合恢復年初的狀態？

　　你必須在下一年創造 100% 的報酬，才能恢復到當初的起始狀態。這非常困難。還記得安海斯－布希創造的 15% 報酬嗎？那樣的報酬已經足以讓我大感興奮。

　　投資有別於其他活動。不妨以足球為例子，如果選手射門不中，不會影響分數。下一次，依然是新的開始。可是，足球如果像投資，則選手射門不中的話就扣分。換言之，你必須得

分，才能扳平。

這也是價值投資人的行為如此節制的原因。保障資本是第一優先原則。我們必須這麼做，因為任何失誤都會帶來懲罰。

當資本保障如果沒有得到應有的重視，報酬績效就會受損。績效受損，因為虧損會累積。那些相信風險與報酬取捨的投資人，並不能真正體會這個道理。他們認為，想要創造績效，就必須放棄資本保障。相信這種取捨關係的投資人占大多數。

或許這也是資產管理產業的失敗率如此高的原因。多數積極管理型的股票基金，也就是挑選個股進行操作的基金業者，根本不能跑贏基準股價指數。[1] 絕大部分。這也是盲目多數所催生的現象。

有兩種措施，有助於價值投資模型規避虧損。

第一，與時俱進。不妨把價值投資模型設想成一個三層次的結構（請參考圖 21.1）。最高層是一般指導原則：知道該做什麼，做該做的，其他的都不做。中間層的內容比較明確，強調投資對象應該是一家可以被瞭解的好企業，而且價格必須便宜。最底層的內容更加明確，包括瞭解企業的六個參數、歷史績效衡量、認知偏差等等。

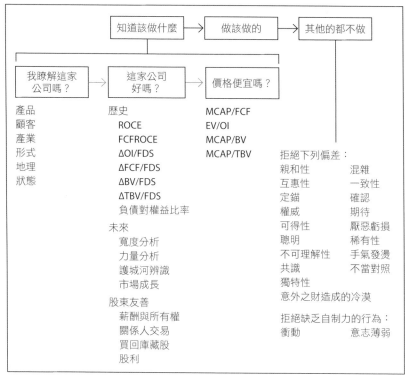

圖 21.1 **價值投資模型**

　　最上層的性質是永恆的。知道該做什麼，做該做的，其他的一概不做——這三者普遍適用，甚至可以運用在其他領域。

　　底層的內容則不免會改變。不論是會計處理標準或披露規範，都可能隨著時間經過而調整。舉例來說，財務會計標準委員會（FASB）可能改變企業營運收益的計算方法，於是ROCE的計算程序也需要調整。或者，美國證管會可能取消關

係人交易的申報規定，以致股東友善程度的指標減少成三項。距離本書出版時間愈久，就愈需要留意這方面的發展。

第二，運用百分率思考。例如，投資人應該著眼於總報酬的百分率，而不是金額。20% 的已實現虧損是不可接受的，不會因為金額只有 $1,000 而變得可以容忍。同理，2% 的年度化報酬並不傑出，儘管金額可能高達 $1,000,000。

習慣以百分率思考，將讓你的整個投資生涯受益。早期階段管理有限資產時所養成的好習慣，可以造就往後更多的資本。數字後面多加幾個零，並不需要學習新技能。

一旦按照百分率思考，絕對報酬也會跟著發生。絕對報酬必定到來，因為價值投資是有利可圖的，而且獲利潛能讓價值投資的實踐者有足夠大的動機去堅持這個策略。可是，我自從上個世紀末開始採用這種策略以來，就發現了價值投資還有其他方面的效益。

首先，價值投資讓我持續與這個世界保持互動。打開水龍頭，讓各種機緣巧合之下的新發現湧入，一切都突然成了可用的資訊。購物、新聞、交通狀況，一切所見所聞都像財務報表，成為某種值得處理的輸入資料。日常生活中的每一個點滴與每一個瞬間，從此變得息息相關。

其次，價值投資歸根究底就是探求真實。原本模糊的事物，如今都成為追求真實的程序。這個東西究竟有什麼價值？我總會發現其中的真實。

第三，價值投資孕育長期觀點。這種態度驅使我深入思考企業的長期發展，並且在過程中醞釀了我對人類未來文明的想像。總之，我享受其中所蘊含的未來視角。

長期觀點也作用於個人生活層面。即使其他工作在未來變得困難，我仍然希望能夠繼續進行價值投資。發表簡報、參與會議、海外出差等等，都會隨著年紀增長而不復可行；可是，價值投資並不需要這些勞動。只要我的頭腦還清楚，就可以繼續從事這項工作。我心愛的晚輩們會一直在我身旁，隨時提醒我什麼時候該停下來了。

在極富與極貧之間，財富與快樂其實並沒有必然的關連。金錢不能創造生活的真正樂趣。人生的快樂來自你所愛的人、來自健康，總之跟幾何平均數、折舊期限，或企業價值之類的東西不太相關。

可是，沒有錢的話，可能就很難真正快樂。這就是價值投資所給予的承諾——讓人享有充分的自由去擁抱真正重要的東西；讓人在自己選擇的關頭，敢於放棄一切，無畏而慷慨地專注在生命的恩賜。

我想，這就是富裕的意義。

摘要

❶ 資本保障是價值投資的優先考量,理由是實現虧損所造成的真實傷害。

❷ 風險與報酬的取捨,讓許多資產經理人看不到資本保障的重要性。

❸ 長期而言,大多數積極管理型股票基金的表現都無法超越基準股價指數。

❹ 價值投資模型的最底層,是最可能出現變動的項目。

❺ 習慣以百分率思考,將讓你的整個投資生涯受益。

❻ 價值投資可以提供金錢報酬以外的效益。

標示星號（＊）者，是本書引進的名詞。

Absolute（絕對）

評估投資報酬的一種基準，通常與某個固定百分率做比較。

Account payable（應付帳款）

積欠供應商的價款。這個科目隸屬於**資產負債表**的**負債**部分。

Accrual basis（權責發生制）

一種基於營業收入與費用確認的會計基準，有別於**流入與流出**。

Accrued expenses（應計費用）

已經發生而還沒有支付的期間款項，譬如薪水。這個科目隸屬於**資產負債表**的**負債**部分。

Activism（積極主義）

一種投資態度，指投資人以股東身分積極參與企業的改革。

Affinity bias（親和性偏差）

一種認知偏差，基於無關緊要的理由而偏愛或喜好某種事物。

Akrasia（缺乏自制）

一種認知動態，驅使人們做出有違最佳判斷的行動。

Amorality（無道德感）

一種道德立場，認為投資無關道德考量。

Amortization（攤銷）

無形、非流動資產的帳面價值減損，以期間費用的形式認列在損益表上。

Anchoring bias（定錨偏差）

一種認知偏差，驅使人們根據不重要的基準進行衡量。

Arithmetic mean（算術平均數）

加總一組數據，總和除以數據個數。

Asset class（資產類別）

一組性質類似的證券，價格經常會因為某些事件而出現類似走勢。

Assets（資產）

企業認為有價值而買進與控制的東西，屬於**資產負債表**的一部分。有時候稱為**投資**（investments）或**持有部位**（holdings）。

Audited（審計）

經過合格會計師審核的財務報表，**上市**公司的年度財務報表都需要經過審計。

Authority bias（權威偏差）

一種認知偏差，促使人們盲目跟隨領袖。

Authorized shares（法定股票）

根據公司規章或規定，公司允許發行的股票數量。

Availability bias（可得性偏差）

一種認知偏差，促使人們根據容易記得的資訊擬定決策。1973 年的論文 *Availability: A Heuristic for Judging Frequency and Probability* 首先提出**可得性捷思**（availability heuristic）的概念。

Backvaluing（逆向價值評估）*

一種針對景氣循環業者發行的證券所使用的價值評估方法，運用過去的營運績效，評估證券的目前價值。

Backward integration（向後整合）

事業營運擴張而涵蓋原有供應商的領域。

Balance sheet（資產負債表）

一種財務報表，衡量的是企業在某個時間點的營運狀況，結構是：資產減掉負債，等於股東權益。

Basis point（基點）

一個百分點的百分之一。

Bearer share（無記名股票）

一種股票憑證，任何人只要持有該憑證，就代表所有權。

Benchmark（參考基準）

一種量化標準。

Bonds（債券）

承諾清償本金借款和利息的證券。

Book value（帳面價值）

購買價格減掉非流動資產的折舊費用之後的數額。有時候

又稱為**權益**（equity）、**股東權益**（shareholders' equity）、業主權益（owners' equity）或**淨資產**（net assets）。

Breadth analysis（寬度分析）*

一種衡量企業的顧客與供應商健全程度的檢定。

Capital appreciation（資本升值）

市場價格上漲。

Capital employed（運用資本）

公司所需的財務基礎。計算程序通常是：**總資產**減掉超額現金，再減掉不付息流動負債，可能再減掉**商譽**。

Capital expenditure（資本支出）

花費重大資本購買的**資產**，使用期限通常超過一年。這是**現金流量表**的科目，簡稱 capex，或稱為**不動產，廠房與設備購置**（purchase of property, plant, and equipment）。

Capital lease（資本租賃）

顯示在**資產負債表**上的租賃，又稱為**財務租賃**。

Capital structure（資本結構）

企業整體的財務結構，尤其是**債務**與股東**權益**之間的比例。

Capitalized（資本化）

　　確認成為資產負債表上的非流動資產。

Cash basis（現金收付制）

　　根據流入與流出的會計入帳方法。

Cash flow from financing（融資現金流量）

　　現金流量表上有關借款與自家證券（譬如股票）買賣的紀錄，又稱為融資活動現金流量。

Cash flow from investments（投資現金流量）

　　現金流量表上有關重大成本長期資產買賣的紀錄，又稱為投資活動現金流量。

Cash flow from operations（營業現金流量）

　　現金流量表上有關企業核心活動的紀錄，又稱為營業活動現金流量。

Cash flow statement（現金流量表）

　　一種財務報表，根據現金收付制記錄企業在某個期間內的業務。

Catalyst（催化事件）

　　導致股價變動的因素或事件，尤其指短期事件。

Circle of competence（能力範圍）

指人們能夠理解的事業經營範圍。這個名詞最初出現在1996年的波克夏海瑟威公司年度報告。

Cleverness bias（聰明偏差）*

一種認知偏差，偏好各種需要相當的聰明才智才能夠瞭解的概念。

Commercial paper（商業本票）

企業發行的短期債務證券。

Concentration（集中投資）

資本配置於種類有限的資產或資產類別。對應概念則是分散投資（diversification）。

Confirmation bias（確認偏差）

一種認知偏差，偏好支持既有觀點的概念。

Consensus bias（共識偏差）

一種認知偏差，偏好反映當下共識的概念。

Consistency bias（一致性偏差）

一種認知偏差，偏好與先前行為一致的行為。1984年出版的著作《影響力》（*Influence*）首次提及這個概念，稱之為承諾與一致性（commitment and consistency）。

Consolidated subsidiary（合併附屬機構）

　　發行機構採用合併方法處理的被投資對象。

Consolidation method（合併方法）

　　發行機構對於持股超過 50% 的投資對象所採用的會計處理方法。

Cost method（成本方法）

　　發行機構對於持股不超過 20% 的投資對象所採用的會計處理方法。

Cost of goods sold（銷貨成本）

　　企業在某個期間內創造營業收入所產生的成本，屬於損益表的科目，又稱為營業收入成本。

Current assets（流動資產）

　　一年內可以變現的資產，是資產負債表裡的科目。

Current liabilities（流動負債）

　　一年內需要清償的債務。是資產負債表裡的科目。

Debt to equity ratio（債務對權益比率）

　　對企業債務清償能力的一種衡量。計算程序是融資債務除以股東權益。

Deferred income（遞延收益）

企業尚未交割產品卻預先收取的貨款。這個項目屬於資產負債表內的負債。

Depreciation（折舊）

企業非流動、有形資產的帳面價值減損，以期間費用的形式認列在損益表上。

Direct method（直接方法）

現金流量表上處理營業現金流量的方法，從現金流入開始計算。

Diversification（分散投資）

資本配置於多種資產或資產類別，目的是避免對任何個別變數的曝險過高。對應概念是集中投資（concentration）。

Dividend（股息、股利）

證券發行企業分配給股東的款項，通常是現金，一般上是每季或每年分配。

Dividend yield（股息殖利率）

當期的年度股息，除以目前股價，表示為百分率。

Earnings before interest and taxes（稅前息前盈餘）

營業收益加上非營業收益，屬於損益表科目，又稱為

EBIT。

Earnings before taxes（稅前盈餘）

稅前息前盈餘減去利息費用。

Efficient market hypothesis（效率市場假說）

經濟學的一種理論，認為物件的價格等於價值。

Empiricist（經驗主義者）

堅信知識來自於經驗而不是理論的人。

Enterprise value（企業價值）

企業理論上的併購價格。計算程序通常是資本市值加上特別股市值，再加上非控制股權價值，以及債務，最後減掉超額現金。

Equity（權益、股東權益；股票）

資產負債表的項目，等於資產減掉負債，又稱為股東權益（shareholders' equity）、業主權益（owners' equity）、淨資產（net assets）或帳面價值（book value）。另外，這個名詞也代表股票的意思。

Equity method（權益方法）

發行機構對持股介於 20% 至 50% 的投資對象所採用的會計處理方法。

Excess cash（超額現金）

企業**資產負債表**上的現金，指企業維持目前營運所不需要的部分。

Financial statement（財務報表）

有關企業營運的量化敘述，如**損益表、現金流量表**與**資產負債表**。

Fixed income（固定收益）

承諾支付固定款項的證券，例如**債券**。

Form 10-K（10-K 文件）

美國企業每年必須向證管會申報的文件。

Form 10-Q（10-Q 文件）

美國企業每季必須向證管會申報的文件。

Form 13-F（13-F 文件）

管理資產當中包含美國上市公司證券總價值超過 $1 億的美國基金業者，每季必須向美國證管會申報的文件。

Form 20-F（20-F 文件）

在美國證券市場發行股票的非美國企業每年必須向美國證管會申報的文件。

Forward integration（向前整合）

事業營運擴張而涵蓋顧客原本經營的領域。

Free cash flow（自由現金流量）

企業營運創造的現金流量。一般的計算程序是營業現金流量減掉資本支出。

Free cash flow return on capital employed（運用資本的自由現金流量報酬率）

從現金收付制立場衡量企業的獲利能力，計算公式是：自由現金流量除以運用資本，簡稱 FCFROCE。

Fully diluted shares（充分稀釋股數）

發行股數，加上因為其他證券（譬如選擇權）未來執行或轉換而發行的股數。

Fundamental analysis（基本分析）

評估股票價值的一種方法，強調企業的狀況，而不是總體經濟或一般趨勢。

Geometric mean（幾何平均數）

更適合彰顯成長率的平均數計算方法，有別於算術平均數；可作為年度複利成長率的估計值。

Goodwill（商譽）

併購價格超過被併購企業股東權益價值的部分。對執行併購的企業而言，商譽是其資產負債表的無形資產。

Growth capital expenditures（成長資本支出）

運用於企業擴張的資本支出。

Hope bias（希望偏差）*

一種認知偏差，相信樂觀的想法可以影響結果。

Hotness bias（手氣發燙偏差）*

一種認知偏差，認為既有的好結果會持續發展。這個概念最初在 1985 年的論文 *The Hot Hand in Basketball: On the Misperception of Random Sequences* 中被提出，稱為熱手謬誤（hot hand fallacy）。

Impetuosity（衝動）

缺乏自制的一種表現形式。

Inactivism（非積極主義）*

一種常見的投資方法，投資人單純買進證券，並不試圖影響證券發行者。對應概念為積極主義。

Income（收益，所得）

營業收入減去費用，屬於損益表的科目，也有多種變異形

式，又稱為**盈餘**（earnings）。

Income statement（損益表）

權責發生制的財務報表，顯示企業在一段期間內的營運狀況；又稱為**營業合併報表**。

Incomprehensibility bias（不可理解性偏差）*

一種認知偏差，偏愛混淆、艱澀的概念。

Indirect method（間接方法）

現金流量表上的一種營業現金流量處理方式，從淨利開始計算。

Inflow（流入）

現金流入企業。

Ingrainedness（墨守成規）*

企業因為經銷管道的固著型態而獲得的**護城河**效應。

Initial public offering（首次公開發行）

證券在集中市場第一次公開承銷，簡稱為 IPO。

Interest coverage ratio（利息保障倍數）

衡量企業償債能力的一項指標，計算程序通常是稅前息前盈餘除以利息費用。

Intermixing bias（混雜偏差）*

一種認知偏差，偏好與投資組合目前持股的性質有別的投資對象。

Intrinsic value（內含價值）

透過基本分析確定的價值，有別於市場價格。

Inventory（存貨）

計算銷貨成本的一種**流動資產**科目。

Invested capital（投入資本）

計算企業營運所需財務基礎的一種衡量。一般上的計算方式是股東、債權人與任何期待報酬的投資人所投入的總資本。

Issuer（發行企業）

發行自家證券（譬如股票）的機構。

Law of large numbers（大數法則）

機率理論的一項定理，主張實驗次數愈多，平均結果就愈接近期望值。

Leverage（財務槓桿）

顯示債務在**資本結構**內的重要性。

Levered free cash flow（舉債自由現金流量）

自由現金流量的一種衡量，反映利息付款。

Liabilities（負債）

企業的負債相當於資產減掉股東權益，屬於資產負債表的科目。

Liabilities to equity ratio（負債對權益比率）

衡量企業償債能力的一項指標。計算程序通常是總負債除以股東權益。

Listed（掛牌上市）

在集中市場（交易所）掛牌交易。

Long（做多）

直接持有股票的狀態。對應概念為放空。

Lossophobia bias（厭惡虧損的偏差）*

一種認知偏差，為了避免更嚴重的虧損，寧可接受小額虧損。

Maintenance capital expenditures（維修資本支出）

用來重置耗損資產的資本支出。

Margin of safety（安全邊際）

　　價值投資人買進證券之前要求價格低於價值的餘裕部分。這個名詞首度出現在 1934 年出版的《證券分析》（*Security Analysis*）。

Market capitalization（資本市值）

　　發行股數乘以目前每股價格。

Miscontrast bias（不當對照偏差）*

　　一種認知偏差，偏好目前可得的不當事物，只因為該事物至少相對優於目前其他可得的事物。

Moat（護城河）

　　企業防範競爭的障礙。

Moral failure abstention（道德迴避）*

　　一種投資人的道德立場，不投資具有某些不當特質的企業。

Moral failure activism（道德積極主義）*

　　一種投資人的道德立場，故意買進展現不當特質的企業，目的是以股東的身分進行改革。

Moral success affirmation（道德肯定）*

　　一種投資人的道德立場，只投資擁有某些理想特質的企業。

Negative cash cycle（負向現金週期）

業者先收取顧客付款，然後才付款給供應商，是一種非典型的運作方式。

Net income（淨利、淨收益、淨所得）

損益表上收益的最終衡量。計算程序是營業收入減去包括利息與稅金在內的所有費用。

Noncontrolling interest（非控制股權）

發行企業未擁有的附屬機構部分，又稱為少數股權。

Noncurrent assets（非流動資產）

無法在一年內變現的資產，屬於資產負債表的一種類別，又稱為長期資產。

Noncurrent liabilities（非流動負債）

不需要在一年內清償的負債，屬於資產負債表的一種類別。

Non-operating income（非營業收益）

周邊營運活動所創造的收益，屬於損益表的科目。

Normal cash cycle（常態現金週期）

業者先付款給供應商，然後才收取顧客付款，屬於典型的運作方式。

Operating expense（營業費用）

特定期間內，維繫企業營運而發生的費用，屬於損益表科目，又稱為銷售與行政費用（SG & A）。

Operating income（營業收益）

營業收入減掉銷貨成本與營業費用，屬於損益表科目。

Operating lease（營業租賃）

資產負債表沒有顯示的租賃。

Outflow（現金流出）

流出企業的現金。

Peculiarity bias（獨特性偏差）*

一種認知偏差，偏好性質特別的投資。

Preferred equity（特別股）

清償順序優先於普通股的一種股票，股利分配相對穩定，屬於資產負債表股東權益的科目。

Present value（現值）

將一系列未來現金流量以某種利率折算為現值，表示為目前價值的單一數據。

Price to book（價格對帳面價值比率）

一種價格衡量，計算程序為資本市值除以股東權益。

Price to tangible book value（價格對有形帳面價值比率）

類似於價格對帳面價值比率，但分母不包含無形資產。

Proxy statement（委託聲明書）

美國上市公司每年都必須向美國證管會申報的文件，內容包括內部人士薪酬與關係人交易，又稱為 DEF 14A 文件。

Real estate investment trust（房地產投資信託基金，REIT）

美國的一種房地產基金，至少 90% 的課稅所得必須透過股利形式分配。

Realized（實現）

結束部位而實現資本盈虧。

Rebalancing（重新平衡）

資產管理產業常見的方法，每隔一段期間通過買進或賣出，以維持投資組合資產或資產類別的目標配置比率。

Reciprocity bias（互惠性偏差）

一種認知偏差，傾向以他人對待自己的方式對待他人。

Registered share（記名股票）

　　股票所有權屬於持有記名股票登記者。

Relative（相對）

　　針對某種參考基準指數的表現，衡量投資的報酬績效。

Reorganization（重組）

　　證券發行企業合併、資本重組，或發生某些轉型事件。

Repurchase（買回）

　　企業買回自家發行的股票，也稱為買回庫藏股。

Retained earnings（保留盈餘）

　　沒有以股利的形式分配給股東的淨利，認列於資產負債表股東權益的科目。

Return on capital employed（運用資本報酬率，ROCE）

　　衡量企業獲利能力的指標，計算程序是營業收益除以運用資本。

Revenue（營業收入）

　　某個特定期間內企業銷貨的收入，屬於損益表的科目。

Risk（風險）

　　壞結果發生的機率。

Risk-return trade-off（風險與報酬的取捨）

金融領域裡的一種原則，認為唯有接受較高的**風險**，才能擁有較高的潛在報酬。

Scarcity bias（稀有性偏差）

一種認知偏差，偏好看起來稀有的東西。

Secondary offering（二次發行）

已經掛牌上市的企業，第二次公開發行股票。

Selection bias（選擇性偏差）

一種形式的資訊扭曲，指錯誤選擇特定部分的數據來代表該組數據的整體特微。

Shares outstanding（發行股數）

企業股東所持有的總股數。

Short（放空）

一種操作方式，指賣出所借取而非擁有的股票，期待股價將來下跌而獲利。

Small capitalization stocks（小資本額股票）

資本市值較小的股票，通常指市值低於 $20 億的企業，又稱為小型股。

Speculating（投機）

沒有透過**基本分析**而買進股票，希望將來高價賣出獲利。

Spin-off（拆分上市）

指企業的某個部門獨立成另一家公司，並且掛牌上市。

Stock screeners（股票篩選工具）

根據量化參數篩選**股票**的網路搜尋工具。

Stocks（股票）

代表公司的部分所有權，也稱為**股權**或**權益**。

Straight line basis（直線法）

一種計算**折舊**費用的方法，每期的折舊費用都相等。

Strike price（履約價格）

選擇權、認股權證或其他證券轉換為**股票**的價格，又稱為**執行價格**（exercise price）。

Subsidiary（附屬機構）

證券**發行機構**擁有某種程度控制權的機構。

Switching cost（轉換成本）

因為某種變動（通常是變更供應商）而產生的金錢、時間或其他資源的成本。

Times free cash flow（自由現金流量倍數）

　　一種價格衡量，計算程序為資本市值除以舉債自由現金流量。

Total return（總報酬）

　　包含股利在內的投資績效衡量。

Treasury shares（庫藏股）

　　企業買回而尚未註銷的股票，認列為資產負債表股東權益的科目。

Unconsolidated subsidiary（非合併附屬機構）

　　證券發行企業運用股權方法入帳的投資對象。

Understanding statement（理解陳述）*

　　界定企業產品、顧客、產業、形式、地理背景與狀態的簡單陳述。

Unlevered free cash flow（無舉債自由現金流量）

　　自由現金流量的一種衡量，不包含利息付款。

Unrealized（未實現）

　　尚未結束部位而未實現的資本盈虧。

Value chain（價值鏈）

發生在產業或企業內的一系列商業行為。這個名詞首次出現在 1985 年出版的《競爭優勢》（*Competitive Advantage*）一書。

Value investing（價值投資）

觀察價格與價值的差異，並且據此行動的一種資本管理策略。

Vertically integrated（垂直整合）

指企業在整個產業價值鏈中數個節點的經營活動。

Volatility（波動性）

資產管理產業經常用來衡量風險的指標，一般上是指證券在最近一個月內的價格起伏程度。

Weakness（意志薄弱）

缺乏自制的一種形式。

Windfallapathy bias（意外之財造成的冷漠）*

一種認知偏差，通常因為獲取意外之財而產生的魯莽投資行為。

Write-down（減記）

資產的帳面價值減少，以非常態費用的形式認列於損益表。

參考書目
BIBLIOGRAPHY

Cialdini, Robert B. *Influence: The Psychology of Persuasion*. Rev. ed. New York: Harper Business, 2006.

Graham, Benjamin, Sidney Cottle, Roger F. Murray, and Frank E. Block. *Graham and Dodd's Security Analysis*. 5th ed. New York: McGraw- Hill, 1988.

Graham, Benjamin. *The Intelligent Investor*. 4th ed. New York: Harper & Row, 1973.

Graham, Benjamin, and David Dodd. *Security Analysis*. 6th ed. New York: McGraw- Hill, 2008.

Greenblatt, Joel. *The Little Book That Beats the Market*. Hoboken: Wiley, 2010.

Kahneman, Daniel, and Amos Tversky. "Prospect Theory: An Analysis of Decision Under Risk." *Econometrica* 47, no. 2 (March 1979): 263-92.

Klarman, Seth A. *Margin of Safety: Risk-Averse Value Investing Strategies for the Thoughtful Investor*. New York: HarperCollins, 1991.

Porter, Michael E. "The Five Forces That Shape Strategy." *Harvard Business Review*, January 2008, 28-40.

Swensen, David F. *Pioneering Portfolio Management: An Unconventional Approach to Institutional Investment*. Rev. ed. New York: Free Press, 2009.

註釋
NOTES

第 1 章

1. Tweedy, Browne Company LLC, "What Has Worked in Investing: Studies of Investment Approaches and Characteristics Associated with Exceptional Returns," Revised 2009.
2. Rolfe Winkler, "Airbnb Raises Over $100 Million as It Touts Strong Growth," *Wall Street Journal*, November 20, 2015.
3. Kia Kokalitcheva, "Airbnb Raises $100 Million Only Months After Last Funding Round," *Fortune*, November 20, 2015.
4. Leslie Hook, "Airbnb Raises a Further $100m," *Financial Times*, November 20, 2015.
5. Gardner Russo & Gardner LLC, *FY15-Q4 Form 13F-HR for the Period Ending December 31, 2015* (filed February 11, 2016).

第 2 章

1. U.S. Bureau of Labor Statistics, "CPI Detailed Report: Data for February 2016," 2016.
2. Douglas Macmillan, "Sequoia's Payout in WhatsApp Deal Could Hit $3 Billion," *Wall Street Journal*, February 19, 2014.
3. National Venture Capital Association, "Venture Capital Outperformed Major Stock Indices During Third Quarter of

2014," January 30, 2015.

4. Cambridge Associates, *U.S. Venture Capital Index* and *Selected Benchmark Statistics*, December 31, 2014.

5. Joseph Ciolli and Sofia Horta e Costa, "S&P 500 Erases Monthly Gain on Final Day of 2014 Trading," *Bloomberg*, December 31, 2014.

6. Michael Mackenzie, "Stocks, Bonds and Gold Among 2010 Winners," *Financial Times*, December 30, 2010.

7. General Motors Company, *2014 Annual Report*, 3, 7, 13.

第 3 章

1. Lauren Davidson, "Apple Is Now Worth More Than $700bn," *Telegraph*, November 25, 2014.

第 4 章

1. Ministère du Budget des Comptes publics de la Fonction Publique, *Explanatory Notice 5000NOT- EN*.

2. MSCI Inc., *2015 Form 10-K*, February 26, 2016, 6.

第 5 章

1. Horsehead Holding Corp., *2014 Form 10-K*, March 2, 2015, 1.
2. LVMH Moët Hennessy-Louis Vuitton, *2015 Annual Report*, 2016, 16-17.
3. Wal-Mart Stores, Inc, *2015 Form 10-K*, March 30, 2016, 8.
4. Vivint Solar, Inc; *2015 Form 10-K*; March 15, 2016, 1-2, 7, M-34.
5. Unilever PLC, *Annual Report and Accounts 2015*, 2016, 2.
6. Chico's FAS, Inc, *2015 Form 10-K*, March 8, 2016, 2.
7. Wal-Mart, 3.
8. Target Corporation, *2015 Form 10-K*, March 16, 2016, 1-76.
9. Avon Products, Inc, *2015 Form 10-K*, February 23, 2016, 1-4.
10. Equity Residential, *2015 Form 10-K*, February 25, 2016, 4, 7, 22.
11. Svenska Cellulosa Aktiebolaget SCA (publ), *Annual Report 2015*, March 21, 2016, 2, 65.
12. Wal-Mart, 9, 13.
13. Wal-Mart, 26.
14. Philip Morris International, Inc., *2015 Form 10-K*, February 17, 2016, 1, 2, 22.
15. Medtronic plc, "Medtronic Completes Acquisition of Covidien," January 26, 2015.
16. Sears Holdings Corporation, *2015 Form 10-K*, March 16, 2016, 56, 57, 97.
17. Peter Lynch, *One Up on Wall Street* (New York: Simon & Schuster, 1989), 41.
18. Wal-Mart Stores, Inc., "Wal-Mart Corporate," May 1, 2016,

http://corporate.walmart.com.

19. Ibid.

20. Clas Ohlson AB, "Clas Ohlson to Open New Stores in Hamburg," June 10, 2015.

21. Berkshire Hathaway Inc., *1996 Annual Report*, Shareholder letter, February 28, 1997.

第 6 章

1. International Financial Reporting Standards Founsation, *Staff Paper: IFRS Interpretations Committee Meeting*, March 12-13, 2013, 3.

2. LinkedIn Corporation, *2015 Form 10-K*, February 12, 2016, 72-73, 76.

3. LinkedIn Corporation, *2014 Form 10-K*, February 12, 2015, 82-83.

第 7 章

1. Cisco Systems, Inc., *2014 Annual Report*, 2.

2. Cisco Systems, Inc., *2013 Annual Report*, 3.

3. Cisco Systems, Inc., *2012 Annual Report*, 4.

4. Cisco Systems, Inc., *2014 Form 10-K*, 73.

5. The Gap, Inc., *2011 Form 10-K*, March 26, 2012, 11.

6. *Code of Federal Regulations*, Commodity and Securities Exchanges, title 17, sec. 229.303.

7. International Accounting Standards Board, *IFRS 16: Leases*,

January 2016, 90.

8. H&M Hennes & Mauritz AB, *Annual Report 2015*, 98.

9. The Gap, Inc., *2015 Form 10-K*, March 21, 2016, 34, 48, 50, 61.

第 8 章

1. Loblaw Companies Limited, *2013 Annual Report-Financial Review*, 8.

2. The Kroger Co., *2015 Form 10-K*, 16.

3. Ibid, 34-35.

4. Whole Foods Market, Inc., *2013 Form 10-K*, 36-37.

5. The Gap, Inc., *2015 Form 10-K*, March 21, 2016, 35, 61.

第 9 章

1. The Gap, Inc., Earnings Conference Call, February 25, 2016.

2. The Gap, Inc., *2015 Form 10-K*, March 21, 2016, 38.

第 10 章

1. The Gap, Inc., *2015 Form 10-K*, March 21, 2016, 16, 35, 38, 49, 65.

第 11 章

1. The Gap, Inc., *2015 Form 10-K*, March 21, 2016, 15, 56; *2013 Form 10-K*, March 24, 2014, 35, 49, 51; *2012 Form 10-K*, March 26, 2013, 21, 32, 33, 36, 45.

第 12 章

1. Delta Financial Corporation, 2006 *Form 10-K*, March 9 2007, 1, 13.

2. Delta Financial Corporation, 2006 *Form 8-K*, January 5, 2009, 2.

3. Michael E. Porter, "The Five Forces That Shape Strategy," *Havard Business Review*, January 2008, 28.

4. West Marine, Inc., *2010 Form 10-K*, March 14, 2011, 28.

5. International Flavors & Fragrances Inc., *2015 Form 10-K*, March 1, 2016, 3, 56-58.

6. The Kraft Heinz Company, *2015 Form 10-K*, March 3, 2016, 3-4, 55.

7. Axis AB, *Year-End Report 2015*, 1-2, 5.

8. GameStop Corp., *2014 Form 10-K*, March 30, 2015, 8-9, 13, 15, 17, F-9.

9. Weyerhauser Company, *2015 Form 10-K*, February 17, 2016, 3, 7, 66.

10. Facebook, Inc., *2015 Form 10-K*, January 28, 2016, 5, 10.

11. Jang- Sup Shin, *The Economics of the Latecomers: Catching-Up, Technology Transfer and Institutions in Germany, Japan and South Korea* (Abingdon: Routledge, 1996), 105-107.

12. United States Steel Corporation, *2015 Form 10-K*, February 29, 2016, 20-29.

13. Kenneth C. and Jane P. Laudon, *Management Information Systems: Managing the Digital Firm* (New York, Pearson, 2004), 68-71.

14. Nestlé India Limited, *2015 Annual Report*, 19-20.

15. "MAGGI Noodles Gains Further, Leads Category with More Than 50% Market Share MAGGI Vegetable Atta Noodles and MAGGI Oats Noodles Re-launched," Nestlé India Limited press release, April 19, 2016.

16. Oracle Corporation, *2015 Form 10-K*, June 25, 2015, 3.

17. Rick Summer, "New Cloud Solutions and Switching Costs Will Help Oracle Prevent Software-Industry Disruption," *Morningstar, Inc. research note*, March 16, 2016.

18. Geberit AG, *2015 Annual Report*, 33, 159, 165, 174, 190.

19. United States Department of Justice, *Americans With Disabilities Act of 1990, As Amended*, Sec. 12183, 35.

20. California Labor Code, Sections 7300-7324.2.

21. Kone Oyj, *2015 Financial Statements*, 9, 24.

第 13 章

1. H&M Hennes & Mauritz AB, *Annual Report 2015*, 102.

2. Ibid, 98.

3. Costco Wholesale Corporation, *Schedule 14A*, December 18, 2015, 8.

4. Richard Milne, "Karl-Johan Persson, Chief Executive, Hennes & Mauritz," *Financial Times*, May 19, 2014.

5. Twenty-First Century Fox, Inc., *2015 Schedule 14A*, September 29, 2015, 12, 15.

6. Cenveo, Inc., *2015 Form 10-K*, February 26, 2016, 6.

7. Infineon Technologies AG, *2009 Form 20-F*, December 8, 2009,

110.

8. The Swatch Group SA, *2015 Compensation Report*, 8.

9. Ibid, 7.

10. Ibid, 7.

11. The Swatch Group SA, *2015 Annual Report*, 204.

12. Ibid, 187.

13. Fossil Group, Inc., *2016 Proxy Statement*, April 14, 2016, 34.

14. Ibid, 34.

15. Ibid, 19.

16. Ibid, 4.

17. Swatch *2015 Annual Report*, 203.

18. Ibid.

19. Fossil *2016 Proxy Statement*, 43.

20. Swatch *2015 Annual Report*, 217.

21. Ibid., 170.

22. The Swatch Group SA, *2014 Annual Report*, 166, 196.

23. Fossil Group, Inc., *2015 Form 10-K*, 34.

24. Ibid, 53.

25. Swatch *2015 Annual Report*, 187.

26. Ibid., 170.

27. Fossil *2015 10-K*, 33.

第 14 章

1. "Microsoft to Acquire LinkedIn," Microsoft Corporation press release, June 13, 2016.

2. "Toshiba and KONE Corporation to Take Stake in One Another," Toshiba Corporation press release, December 20, 2001.

3. "Completion of Sale of Certain Shares Held by Toshiba Subsidiary," Toshiba Corporation press release, July 22, 2015.

4. Flowserve Corporation, *2015 Form 10-K*, February 18, 2016, 23, 58, 80.

5. Flowserve Corporation, *Q1 2016 Form 10-Q*, April 28, 2016, 2, 10.

6. Flowserve Corporation, *2014 Form 10-K*, February 17, 2015, 56.

7. Ibid, 75.

8. Ibid, 75.

9. Ibid, 74.

10. Ibid, 53.

第 15 章

1. Yahoo Finance, "Maui Land & Pineapple Company, Inc. (MLP)," https://finance.yahoo.com/quote/mlp, accessed May 3, 2016.

2. Graham, Benjamin and David Dodd, *Security Analysis: The Classic 1934 Edition* (New York: McGraw-Hill, 1934), 80.

第 16 章

1. Benjamin Graham and David Dodd, *Security Analysis: The Classic 1940 Edition* (New York: McGraw-Hill, 2002), 681.

2. Graham and Dodd, 530.

3. Benjamin Graham, *The Intelligent Investor: A Book of Practical*

Counsel (New York: Harper, 1959), 41.

4. Amos Tversky and Daniel Kahneman, "Availability: A Heuristic for Judging Frequency and Probability," *Cognitive Psychology* 5, no. 2 (1973): 207-232.

5. Thomas Gilovich, Robert Vallone, and Amos Tversky, "The Hot Hand in Basketball: The Misperception of Random Sequences," *Cognitive Psychology* 17 (1985): 295-314.

6. Aristotle, *Nicomachean Ethics*, trans. C.D.C. Reeve (Indianapolis: Hackett Publishing Company, 2014), 123.

第 17 章

1. Roger Blitz and Leo Lewis, "Pound Tumbles to 30-year Low as Britain Votes Brexit," *Financial Times*, June 24, 2016.

第 19 章

1. Melanie Warner and Stuart Elliott, "Frothier Than Ever: The Tall Cold One Bows to the Stylish One," *New York Times*, August 15, 2005, C1.

2. Jack Ewing, "Volkswagen Stock Falls as Automaker Tries to Contain Fallout," *New York Times*, September 21, 2015.

3. "Sound the Retweet," *Economist*, October 12, 2013.

第 21 章

1. S&P Dow Jones Indices, "SPIVA US Scorecard," year-end 2015.

寰宇圖書分類

智　慧　投　資（續）

分類號	書名	書號	定價	分類號	書名	書號	定價
65	巴菲特＆索羅斯之致勝投資習慣	F413	500	71	約翰柏格投資常識(全新增訂＆十周年紀念版)	F430	480
66	客戶的遊艇在哪裡？	F414	350	72	不存在的績效：馬多夫對沖基金騙局最終結案報告	F432	500
67	投資詐彈課：識破投資騙局的五個警訊	F418	380	73	投資哲人查理蒙格傳	F435	500
68	心理學博士的深度交易課	F424	500	74	優勢投資人交戰守則	F436	420
69	巴菲特的繼承者們	F425	650	75	哥倫比亞商學院必修投資課	F437	700
70	為什麼總是買到賠錢股	F426	380	76	索羅斯金融煉金術	F442	600

投　資　策　略

分類號	書名	書號	定價	分類號	書名	書號	定價
1	經濟指標圖解	F025	300	30	沒人教你的基本面投資術	F338	420
2	史瓦格期貨基本分析(上)	F103	480	31	隨波逐流～台灣50平衡比例投資法	F341	380
3	史瓦格期貨基本分析(下)	F104	480	32	李佛摩操盤術詳解	F344	400
4	操作心經：全球頂尖交易員提供的操作建議	F139	360	33	用賭場思維交易就對了	F347	460
5	攻守四大戰技	F140	360	34	超級績效─金融怪傑交易之道	F370	450
6	股票期貨操盤技巧指南	F167	250	35	你也可以成為股市天才	F378	350
7	回歸基本面	F180	450	36	順勢操作─多元管理的期貨交易策略	F382	550
8	華爾街財神	F181	370	37	陷阱分析法	F384	480
9	股票成交量操作戰術	F182	420	38	全面交易─掌握當沖與波段獲利	F386	650
10	股票長短線致富術	F183	350	39	資產配置投資策略(全新增訂版)	F391	500
11	交易，簡單最好！	F192	320	40	波克夏沒教你的價值投資術	F392	480
12	股價走勢圖精論	F198	250	41	股市獲利倍增術(第五版)	F397	450
13	價值投資五大關鍵	F200	360	42	護城河投資優勢：巴菲特獲利的唯一法則	F399	320
14	計量技術操盤策略(上)	F201	300	43	賺贏大盤的動能投資法	F402	450
15	計量技術操盤策略(下)	F202	270	44	下重注的本事	F403	350
16	震盪盤操作策略	F205	490	45	趨勢交易正典(全新增訂版)	F405	600
17	透視避險基金	F209	440	46	股市真規則	F412	580
18	看準市場脈動投機術	F211	420	47	投資人宣言：建構無懼風浪的終身投資計畫	F419	350
19	巨波投資法	F216	480	48	美股隊長操作秘笈：美股生存手冊	F420	500
20	股海奇兵	F219	350	49	傑西・李佛摩股市操盤術(中文新譯版)	F422	420
21	混沌操作法 II	F220	450	50	驅散黑色星期一的投資鬼才：馬丁・茲威格操盤全攻略	F423	500
22	智慧型資產配置	F250	350	51	計量價值的勝率	F428	500
23	混沌操作法新解	F270	400	52	尋找股價飆漲前的下一個巴克、麥當勞、沃爾瑪與全食超市	F429	500
24	在家投資致富術	F289	420	53	股海奇兵之成長型投資	F431	280
25	看經濟大環境決定投資	F293	380	54	超級績效2：投資冠軍的操盤思維	F434	450
26	高勝算交易策略	F296	450	55	21世紀價值投資	F438	500
27	散戶升級的必修課	F297	400	56	耶魯操盤手：非典型成功	F439	500
28	他們如何超越歐尼爾	F329	500	57	超級績效3：動能大師圓桌論壇	F440	420
29	交易，趨勢雲	F335	380	58	尋找超值股：解決投資難題的價值檢定程序	F441	420

程　式　交　易

分類號	書名	書號	定價	分類號	書名	書號	定價
1	高勝算操盤 (上)	F196	320	9	交易策略評估與最佳化 (第二版)	F299	500
2	高勝算操盤 (下)	F197	270	10	全民貨幣戰爭首部曲	F307	450
3	狙擊手操作法	F199	380	11	HSP 計量操盤策略	F309	400
4	計量技術操盤策略 (上)	F201	300	12	MultiCharts 快易通	F312	280
5	計量技術操盤策略 (下)	F202	270	13	計量交易	F322	380
6	《交易大師》操盤密碼	F208	380	14	策略大師談程式密碼	F336	450
7	TS 程式交易全攻略	F275	430	15	分析師關鍵報告 2—張林忠教你程式交易	F364	580
8	PowerLanguage 程式交易語法大全	F298	480	16	三週學會程式交易	F415	550

期　　貨

分類號	書名	書號	定價	分類號	書名	書號	定價
1	高績效期貨操作	F141	580	5	期指格鬥法	F295	350
2	期貨賽局 (上)	F231	460	6	分析師關鍵報告 (期貨交易篇)	F328	450
3	期貨賽局 (下)	F232	520	7	期貨交易策略	F381	360
4	雷達導航期股技術 (期貨篇)	F267	420	8	期貨市場全書 (全新增訂版)	F421	1200

選　　擇　　權

分類號	書名	書號	定價	分類號	書名	書號	定價
1	技術分析 & 選擇權策略	F097	380	6	選擇權安心賺	F340	420
2	交易，選擇權	F210	480	7	選擇權 36 計	F357	360
3	選擇權策略王	F217	330	8	技術指標帶你進入選擇權交易	F385	500
4	活用數學・交易選擇權	F246	600	9	台指選擇權攻略手冊	F404	380
5	選擇權賣方交易總覽 (第二版)	F320	480	10	選擇權價格波動率與訂價理論	F406	1080

共　　同　　基　　金

分類號	書名	書號	定價	分類號	書名	書號	定價
1	柏格談共同基金	F178	420	4	理財贏家 16 問	F318	280
2	基金趨勢戰略	F272	300	5	共同基金必勝法則 - 十年典藏版 (上)	F326	420
3	定期定值投資策略	F279	350	6	共同基金必勝法則 - 十年典藏版 (下)	F327	380

債　　券

分類號	書名	書號	定價
1	賺遍全球：貨幣投資全攻略	F260	300
2	外匯交易精論	F281	300

貨　　幣

分類號	書名	書號	定價
3	外匯套利 I	F311	450
4	外匯套利 II	F388	580

財　　務　　教　　育

分類號	書名	書號	定價
1	點時成金	F237	260
2	蘇黎士投機定律	F280	250
3	投資心理學 (漫畫版)	F284	200
4	歐丹尼成長型股票投資課 (漫畫版)	F285	200
5	貴族・騙子・華爾街	F287	250

分類號	書名	書號	定價
6	就是要好運	F288	350
7	財報編製與財報分析	F331	320
8	交易駭客任務	F365	600
9	舉債致富	F427	450

財　　務　　工　　程

分類號	書名	書號	定價
1	固定收益商品	F226	850
2	信用衍生性 & 結構性商品	F234	520

分類號	書名	書號	定價
3	可轉換套利交易策略	F238	520
4	我如何成為華爾街計量金融家	F259	500

國家圖書館出版品預行編目資料

尋找超值股 : 價格夠便宜嗎? 解決投資難題的價值檢定程序／肯尼斯.傑弗瑞.馬歇爾
(Kenneth Jeffrey Marshall) 著 ； 黃嘉斌譯. -- 初版. -- 臺北市:麥格羅希爾, 寰宇, 2019. 11
　面 ；　　公分. -- (寰宇投資策略 ; 441)
譯自：Good Stocks Cheap: Value Investing with Confidence for a Lifetime of Stock Market
　　　Outperformance
　　　ISBN 978-986-341-426-1（平裝）

1.股票投資 2.投資技術 3.投資分析

563. 53　　　　　　　　　　　　　　　　　　　　　　　　　　　　108019571

寰宇投資策略 441

尋找超值股：價格夠便宜嗎？解決投資難題的價值檢定程序

作　　者　Kenneth Jeffrey Marshall
譯　　者　黃嘉斌
主　　編　陳民傑
美　　編　菩薩蠻數位文化有限公司
封面設計　YUNING LEE
發 行 人　江聰亮
合作出版　美商麥格羅希爾國際股份有限公司台灣分公司
暨發行所　台北市 10488 中山區南京東路三段 168 號 15 樓之 2
　　　　　客服專線：00801-136996

　　　　　寰宇出版股份有限公司
　　　　　台北市 106 大安區仁愛路四段 109 號 13 樓
　　　　　TEL: (02) 2721-8138　FAX: (02) 2711-3270
　　　　　E-mail: service@ipci.com.tw
　　　　　http://www.ipci.com.tw
總 經 銷　寰宇出版股份有限公司
劃撥帳號　1146743-9
出版日期　西元 2019 年 11 月　初版一刷
　　　　　西元 2020 年 3 月　初版二刷
定　　價　新台幣 420 元

ISBN：978-986-341-426-1

※本書如有缺頁、破損、裝訂錯誤，請寄回本公司更換。